含谜智力故事·科学

于启斋　鞠心怡　李　琳　编著

金盾出版社

内-容-提-要

本书介绍了大量与科学有关的新奇含谜智力故事。内容涉及物理、化学、植物、动物、人体、天文、地理等相关知识。读者从中可以领略到不同知识领域带来的乐趣，开阔视野，增长知识。本书语言幽默风趣，故事性强，适合少年朋友阅读。

图书在版编目（CIP）数据

含谜智力故事·科学/于启斋，鞠心怡，李琳编著．—北京：金盾出版社，2014.2

ISBN 978-7-5082-8811-6

Ⅰ.①含…　Ⅱ.①于…②鞠…③李…　Ⅲ.①科学知识—少儿读物　Ⅳ.①Z228.1

中国版本图书馆 CIP 数据核字（2013）第 222725 号

金盾出版社出版、总发行

北京太平路 5 号（地铁万寿路站往南）

邮政编码：100036　电话：68214039　83219215

传真：68276683　网址：www.jdcbs.cn

封面印刷：北京精美彩色印刷有限公司

正文印刷：北京万友印刷有限公司

装订：北京万友印刷有限公司

各地新华书店经销

开本：705×1000 1/16　印张：15.75　字数：198 千字

2014 年 2 月第 1 版第 1 次印刷

印数：1～6 000 册　定价：29.00 元

（凡购买金盾出版社的图书，如有缺页、倒页、脱页者，本社发行部负责调换）

导 读

　　智力,这是一个异常耀眼的词汇,也是一个亘古至今的热门话题。

　　好的智力,可以让人插上飞翔知识蓝天的翅膀;

　　好的智力,熟背唐诗宋词语文语法可信手拈来;

　　好的智力,对加减乘除运算手到擒来游刃自如;

　　好的智力,学科学讲科学应用科学会头头是道;

　　好的智力,让人羡慕人人对智力开发情有独钟。

　　每一位家长都希望自己的孩子聪明显露,智力过人,才能超众。除了遗传因素我们无能为力外,后天教育,后天的智力开发就显得十分重要。在这一点上,我们有能力做到。

　　智力开发,是一个撩人心动的字眼。

　　智力开发,路在何方?

　　不少家长都在孜孜以求,寻找这个问题的答案。期望将自己的独生女、独生子培养成有用的人才。

　　当然,开发智力的途径有多种。对少年进行阅读智力故事的训练,无疑是一种很好的方法。从心理学角度讲,故事又是人类智慧最基本的构成元素,它决定了我们思考方式和行为模式。尤其是少年朋友,会对故事着迷,尤其是对智力故事着迷。因为故事的魅力是神奇的,智力故事可以提高少年朋友的记忆力、思维力以及口语表达能力、阅读能力,会给少年朋友以心灵上的熏陶,影响着自己的行动。面对少年朋友对知识和能力的渴求,智力故事更是打开少年朋友的心灵之门、智慧之窗的金钥匙。

为了给少年朋友提供比较好的智力阅读故事,我们编写了《含谜智力故事丛书》,本丛书共分《含谜智力故事·语文》《含谜智力故事·数学》《含谜智力故事·科学》三册。本丛书有一个显著特点:没有过去人云亦云的老故事,这是与众不同的闪光点,"新奇"就在这里显现,是少年朋友身边发生的故事。因此,读起来会感到更加亲切,如同自己的亲身经历一般,或许会找到自己昔日的影子,找到自己感兴趣的东西。是为少年朋友量身定做的智力读物。在读故事的同时,还有谜底等待大家去揭晓,这就要求大家动手、动脑,手脑并用,做到真正意义上的开发智力。

本册是《含谜智力故事·科学》,主要介绍与科学有关的含谜智力故事,是以小学课程为依据,并做了适当拓宽,很适合少年朋友阅读。

科学智力故事,展示了知识王国形形色色、光怪陆离的故事。这里涉及物理、化学、植物、动物、人体、天文、地理等相关知识。题材也是五花八门,不拘一格。语言风趣幽默,生动活泼。读者在阅读该书的同时,可以领略不同知识领域给你带来的乐趣,开阔视野,开发智力。让你感受到科学知识不再枯燥,作文也不再难写,可以激发对科学的兴趣。爱因斯坦有句名言:"兴趣是最好的老师。"兴趣对科学的学习有着神奇的驱动作用,能变无效为有效,化低效为高效,化茫然为热爱,寓教于乐,激发少年朋友对科学的学习热情。

愿你喜欢本书,它让你读有所得,成为你忠实的朋友。愿你卓尔不群,出类拔萃。在科学王国里,愿你插上智力的翅膀,翱翔知识王国,叱咤科学风云。

本书还有黄卫华、盖其平、陈艳、于盛晨、于春晓、于启奎、方红女等参加了部分章节的编写。因水平所限,错误和问题在所难免,敬请读者朋友批评指正。

目录

稀奇，竟有二次或三次出生的

    小燕子是个学习谜，平日里就喜欢看书，她发现一个问题，就是在动物世界里，动物的寿命不一样。那么，动物的寿命是多少呢？为了解答这个问题，小燕子决定抽时间走出去调查走访，让事实说话。

    "您好，大象伯伯。"小燕子有礼貌地向大象打招呼，"我想请教一个问题。"

    "什么问题呀？"大象伯伯乐呵呵地说，"是不是在研究香蕉好吃，还是桃子好吃呀？"

    "哈哈，大象伯伯你真会开玩笑。"小燕子也开玩笑地说，"等我有钱了，首先买两个桃子，一个你看我吃，一个我吃给你看。"说完，小燕子哈哈哈大笑起来。

    "小燕子真有你的，太幽默了。"大象笑着说，"光你吃桃子，我看着你要馋死我呀！"

    "哦，我可没有那个心。"小燕子说，"我也是跟你开玩笑的。这次，我可没有时间研究吃的，我是在研究动物寿命的问题。听说您是老寿星，能够活一百多岁，一定是知道得特别多的寿星吧？"

    "哇，要说长寿的寿星，我可不敢当。"大象说得很认真。"猴子的老祖宗神通广大的孙悟空可长生不老，他吃了王母娘娘的仙桃，你说能不长寿吗？"大象不失风趣地说。

    "哦，这是神话，咱们说真格的。"小燕子急忙扭转话题。

    "讲真格的，俗话说'千年王八，万年龟'，最长寿命当数乌龟了。"大象知道的就是多。

    "大象伯伯，您就会开玩笑。"小燕子着急地说，"我们还是归到正

题上来吧。"

"小燕子,你不愧是做学问的人。"大象赞许地说,"前面是我跟你开玩笑,你不要见怪。"说完,大象伯伯从衣袋里掏出一张知识卡片,递给小燕子,说:"你看一看这张卡片,会获得不少知识的。"

小燕子接过卡片,只见上面写着:

动物里寿命最长的要算是乌龟,它可以活到 300～400 岁;鳄鱼可以活到 200 岁;鲸、大象可以活到 100 岁左右;猴子可以活到 50 岁左右;狮子、骆驼、牛、马、猪可以活到 30～40 岁;狗、羊可以活到 20 岁左右;猫则只能活到 15～20 岁。

鸟类里老鹰、乌鸦、天鹅可以活到 100 岁左右;鹦鹉、孔雀可以活到 20～50 岁;金丝雀可以活到 24 岁;鸡只能活到 14 岁。

体外细胞培养的研究证明,寿命越长的动物细胞繁殖的代数越多。乌龟细胞可繁殖 90～125 代。鸡细胞只有 15 至 35 代。

小燕子看完后,高兴地说:"谢谢伯伯。"说完和大象伯伯拜拜了。

第二天,小燕子想对这个卡片的内容核实一下,便找到了正在下蛋的鸭子小姐。

"鸭子小姐,请你告诉我,鸭子的寿命有多长?"小燕子问。

"寿命?"鸭子感到迷糊,"什么是寿命呀?"

"寿命就是从出生到死亡的一段时间呀。"小燕子不紧不慢地解释着。

鸭子小姐抬起头,认真思考了一会儿,问:"我有两次出生,从哪一次算起呀?"

"怎么两次出生?"小燕子感到十分惊奇,"怎么会有两次出生呢?稀奇!"

"这有什么稀奇!"鸭子小姐不以为然地说,"动物世界还有出生二次、三次的哩。这样的动物还不少呢!"

小燕子微笑着说:"鸭子小姐,请您不要开玩笑,我是在作一次调查,要实事求是的啊,可不能夸大其辞。"鸭子在强调科学问题的严肃性。

鸭子小姐一本正经地说道:"我可不跟你开玩笑,不信你去调查一番。"

小燕子感到纳闷:怎么动物会有出生一次,二次,或三次的呢?

你猜一猜,这是怎么回事呢?

 答　案

像猴子、大象等哺乳动物是出生一次。鸭子等家禽和鸟类都有两次出生。第一次出生的是蛋;第二次出生是从蛋中孵化成雏鸟。

像蝴蝶、蜜蜂、家蚕等昆虫都有三次出生。如我们常见的蝴蝶,第一次出生的是卵;第二次出生是从卵中孵化成幼虫;第三次出生是幼虫变成蛹,蛹化成蝶。

辨清"牛"的一家

春天,小黄牛在田埂边上吃着新鲜的青草,小绵羊提醒它,别贪多,免得消化不良。

小黄牛说:"谢谢你的提醒。"

"那好,先别吃了。我们玩一会儿怎么样?"

"玩什么呀?"妈妈从小就教育小黄牛只要默默无闻地干活就好,还从来没教过它怎么玩。

"那我们来个神吹怎么样?"小绵羊说。

　　"什么是神吹呢?"小黄牛不解地问,它还从来没有听说这个词呀。

　　"就是想说什么就说什么,无拘无束。"这是小绵羊的理解。

　　"神吹不会是说'吹牛'吧?"小黄牛见人们把说大话说成是吹牛感到不解,"说个'吹马','吹骆驼'不行吗,干吗非把忠厚老实的牛说成是'吹牛'呢?"

　　"哈哈,这里还有一段典故哩。"小绵羊知识还挺丰富,"相传在黄河上游一带,水急浪恶,难以行舟,为此,当地的人们常用牛皮、羊皮制成筏子渡河,它是由几个形状像袋子的牛皮口袋联结而成,使用时用嘴将皮筏吹起来,于是那时就有了'吹牛皮'一语。不用足够的力气,光谈空话,皮筏是吹不起来的。人们常对只说空话的人说:你有本事就到河边吹牛皮去。其后,人们就把那些既无知识,又无工作能力,爱说空话大话,夸大其词的叫作'吹牛皮'了。你看这个解释倒没有什么贬义吧?"

　　"我看是。"小黄牛也直率。

　　"不过,姓牛的也不是怎么都好。"小绵羊说,"如蜗牛就不怎么样,是菜园里的小偷。"

　　小黄牛笑了:"蜗牛也是牛吗? 真是不可思议。"

　　小绵羊一本正经地说:"怎么啦,蜗牛不是也长着角吗,要不怎么也叫蜗牛呢?"

　　"笑话,长角的,带个'牛'字的都叫牛,那么'天牛'也该算牛了?"

　　"当然算了。"小绵羊高兴地说,"英雄所见略同,我也这么考虑,刚要这么说,嘻嘻,心有灵犀一点通。你竟给说了出来。你不要嫌天牛是害虫,破坏树木,声名狼藉就不承认了。"

　　"唉,你怎么会这样呀?"小黄牛感到无奈,"你这儿哪是神吹,简直是胡说八道,不成体统。你连牛都不认识,怎么有资格说牛?"

　　"哈哈,我不认识牛才怪呢。"小绵羊侃侃而谈,"我有一本画册,上面的牛应有尽有。不光有陆地上的牛,还有海洋中的牛。"

"哦,海洋中还有牛吗? 新鲜。"小黄牛感到惊奇。

"它叫海牛。也叫儒艮。还叫'美人鱼',胖乎乎的。"小绵羊说,"它头上没有长角,你又要不承认了吧?"

小黄牛只是摇头。

"我那画册上还有一个庞然大物,可威风啦,尖角长在鼻梁上,锋利无比,凶猛的老虎,狮子都怕它。呵呵,真是你们牛家族的骄傲!"小绵羊说。

"还有这样的大家伙?"小黑羊还没有听说过哩。"它是谁呀?"

"非洲丛林中的一霸——犀牛!"小绵羊知道的还真不少,"你见过它吗? 哈哈,我见过。"

"我说小绵羊,小绵羊! 你让我说什么好呢?"小黄牛简直要被它气疯了,"你看小画册是增长了不少见识。可是,你不动脑筋,看到一个牛字,就和我们牛家族联系起来,童话也不能这么说。"

"难道我说的不是牛,是什么?"小绵羊激动地说,"要不怎么带个牛字?"

"是这样的。"小黄牛为小绵羊知识脱贫:"菜园子里的小偷(蜗牛),破坏树木的孬种(天牛),海洋里的海牛(儒艮),丛林里的犀牛,都不是牛,而真正的牛,你一个也没有说上,我真为你感到悲哀。"

"喂喂,小黄牛,你有没有搞错。"小绵羊在提醒,"那么真正的牛是谁呀?"

"你听好。"小黄牛直截了当地说,"黄牛、水牛、乳牛、山林的野牛,背着大瘤子的瘤牛,号称'高原之舟'的牦牛,这才是我们牛家族的成员。"

"不对!"小绵羊不解地问,"那我刚才所说的'牛',算什么呢?"

哈哈,不妨你回答一下怎么样?

"牛"是普通牛、驼牛（驼峰牛）、牦牛、野牛、水牛及杂交牛的统称。属于哺乳纲，牛科。"牛"的特征是：一般头生两角，配有两耳，尾巴短小；四肢发达，各有四趾，其中第三、四趾尤为发达，其趾上有蹄，归类于偶蹄目；上颚无门齿，胃分四室，草食，称为反刍（倒嚼）动物。

还有一些叫"牛"非牛的动物。

如蜗牛是软体动物，天牛是昆虫，当然不能说是牛类。

海牛，是哺乳动物，属于"海牛科"。原先生活在陆地上，后来因地壳的变迁转到海洋中生活。四肢变为鳍，所以归到"鳍足目"。

犀牛，很像牛，但不是牛。犀牛脚上的趾是奇数，属于"奇蹄目"；而牛的脚趾成偶数，属于"偶蹄目"。

技高一筹

动物王国里小猴子和小狐狸都是鼎鼎有名的人物。小猴子善于动脑，以聪明闻名于世。小狐狸是画家，画得一手好画，在动物王国里十分出名，是一位画技特棒的画家，而且他有一个本领，能够在一眨眼或者一跳之间，画好一个动物。这是一般动物公民所望尘莫及的。小狐狸有一个本性就是争强好斗，再加上它有着独特的画技，目空一切。为此，小狐狸还发了这样一张海报：

愿朋友们前来和我打擂台比武，我们一起比赛画技。谁能在跳跃的瞬间，画出一个完整的动物图画，而且画得越多，谁就是赢家。

假如我输了,我会付给赢家1000万森林币。如果对方输了,只要付给我100万森林币。

大家看着海报,议论纷纷。

"这小狐狸太有才了。"

"它的画技这样高超,谁敢和它比赛呀?"

"这小狐狸太猖狂了。"

"咦,小狐狸太霸道了。"

……

是啊,从海报上就可以看出小狐狸的霸道和技艺超群,一般动物是不敢和它比赛的。

小猴子是动物王国里的乖孩子,它善于动脑,喜欢用智慧办事。它对小狐狸的所作所为很不满意,决心教训一下小狐狸。

这天,小猴子对小狐狸说:"我想和你比一比怎么样?"

小狐狸一听,愣得睁大了眼睛。言外之意,你小子可不自量力,怎么敢和我大名鼎鼎的画家相比呀!但他还是压抑着自己没有再说什么。这叫以静制动。表面上说:"好呀!欢迎,欢迎!"

小猴子和小狐狸要比赛画画的消息如同插上了翅膀,飞遍了整个动物王国。大家都在等待比赛这一天的到来。

这一天终于来了。这天好不热闹,来了很多动物公民,连动物王国的虎国王和大臣们也纷纷赶到了现场。

不少记者、摄影师都来抢拍头版头条新闻。

比赛在一阵紧锣密鼓中开始了!

"尊敬的小猴子先生,你是我们王国智慧者的象征,我们为有你感到无比自豪。你在各方面都有出其不意的绝招,然而我却不相信你在绘画方面有特殊的才能。"小狐狸以挑战者的口吻说,"今天,我倒要跟你比比绘画,即身体向上一跳的起落瞬间,看谁在这白墙上所画的动物最多。赌金是1000万森林币。"

　　只见小猴子神情自若地走上擂台，掷地有声地说："尽管绘画不是本人的特长，然而要与你比赛绘画，我感到绰绰有余！"

　　在小狐狸看来，这已经是让他愤怒了。不过，有那么多的观众，还有国王在场，它只好收敛一些。心想："哈哈，我们比赛后再说，非让你哭鼻子不可，撞墙也找不到北。"

　　双方都在蔑视对方，都有压倒对方的锐气。比赛就在这样的环境中开始了！

　　小狐狸手捏着一支铅笔，乜斜了一眼小猴子，然后，面向白墙，屈身用劲，纵身一跳，就在他双脚落地的瞬间，墙上一幅图画赫然映入观众的眼帘——一只神情可掬，活灵活现的兔子正在吃草。观众们惊得大眼瞪小眼，不知小猴子如何收场。

　　是啊，这小狐狸的画技也太高超了，已经达到了炉火纯青的地步，难怪没有敢和它比赛的。

　　这时，小猴子在盛着赭色的染料里用五个手指蘸了一下，转身对白墙纵身一跳，当它的身体落到原处的一刹那，墙上出现的是五条弯弯曲曲的道道。

　　小猴子身体刚落下，小狐狸说："小猴子，你没有按照规定画出动物。"

　　"输家是你肯定无疑了。"小猴子轻松自如地说出了自己所画动物的名称。

　　"那你怎么不画大一点的动物呢？"小狐狸感到不解地说。

　　"你我规定是谁画的动物多。"小猴子有理有据，"而不是大。"

　　此时此刻，小狐狸找不出为自己辩解的理由，在国王面前，在众人面前，在亲戚朋友面前无地自容，十分狼狈，大出其丑。最后，无奈地摇了摇头，拿起事先在袋子准备好的 1 000 万森林币摔给了小猴子，转身灰溜溜地走了。

　　顿时，观众"呱呱呱"响起雷鸣般的掌声。

怪呀,小猴子是画的什么小动物呀?

答 案

画的动物是蚯蚓。每个手指画了一条蚯蚓。

蚯蚓是土壤里常见的环节动物。在雨后常见到蚯蚓出来,那是因土壤浸透水之后,土壤中没有空气,它无法呼吸,就爬到到地面上来呼吸的。

哈哈,趣味动物运动会

一年一度的动物运动会又开幕了,猴子因为脑瓜灵活,点子多,被委任为总裁判长。这次动物运动会的章程有那么一点与众不同,在每年传统项目的基础上,还要爆出一些别具一格的新花样,让大家大开眼界。这新花样就是爽!酷!逗乐!

今年的动物代表队很多,什么虎队,狮队,鹿队,鸟队,熊队,大象队,蛇队,壁虎队,等等,代表队不但多,而且数目庞大,不亚于人类的奥运会,盛况空前,热闹非凡。各路运动员浩浩荡荡来到运动会会场,一切得听从猴子的指挥。猴子面带笑容,神气十足,尾巴翘得老高。

入场式走了半天也没有走完,那真是叫盛况空前啊。观众就更多得没法说,大家都在猜测这次猴子耍什么花枪?

传统项目在大象副总裁判长的安排下,井然有序地进行着……

到了花样项目比赛时,高音喇叭响了,猴子郑重地宣布:"今年的花样表演是短跑比赛,参加的运动员是蛇队和壁虎队的代表。这种方法很特殊,是我想了整整一个月加一晚上加一秒的时间。"

"呱！呱！呱！"观众响起了经久不息的掌声，不知猴子葫芦里卖的是什么药。是逗乐，还是搞笑？

"这次具体的花样表演是这样的。"猴子津津乐道，"让蛇和壁虎在一块大玻璃板上爬行，看谁爬得快。免得它们都说自己是爬行冠军。"这可真是与众不同，从来没有见过在玻璃板上搞运动项目？这一点要上吉尼斯纪录啦！

蛇和壁虎一齐在玻璃板的起跑线上做好准备，等待顽皮兮兮的猴子发令。

"啪！"发令枪响了！

这时整个运动场上的动物观众，瞪大眼睛，纷纷猜测谁会获得短跑的冠军。

结果，这个花样表演真不错，逗得大家哈哈大笑，手舞足蹈，热闹劲十足。

你来想一想，在同一块玻璃板上，蛇和壁虎谁会爬得快一些呀？

答 案

壁虎会爬得快一些。

蛇是靠着肚子两侧鳞片的尖，固定地面并且通过肌肉收缩牵动着身体向前爬行的。当把蛇放到玻璃板上，鳞片无法固定，蛇的身体会打滑无法爬行了。难怪大家看到它的滑稽相会哈哈大笑哩。

壁虎长着带有吸盘的脚趾，吸盘可以吸住玻璃板，因此，壁虎可以爬来爬去，所以壁虎爬得快。

难分的新郎和新娘

春天,菜粉蝶姑娘出生了。它长有两对翅膀,可以自由自在地飞行在花丛中,真好。

春天里,一对蜗牛在绿油油的菜园里举行婚礼,好奇的菜粉蝶姑娘飞去向新婚夫妇祝贺。飞到眼前,菜粉蝶姑娘愣住了。"哎,怪呀,这是怎么回事呀? 怎么分不出新郎和新娘来呢? 如同一个模子扣出,一模一样。总不至于是同性婚姻吧?"菜粉蝶感到很惊奇。它怕出洋相,只好含含糊糊地说:"祝贺你们新婚幸福美满!"并送来几片菜叶当礼物,就急急忙忙飞走了。

不过,菜粉蝶姑娘感到不可思议,向来新郎和新娘都是一目了然的,怎么会分不出来呢? 这个问题,对菜粉蝶姑娘来说是不解之谜。

又住了些日子,一阵蒙蒙细雨过后,一对蚯蚓新人要在稻田里举行婚礼,菜粉蝶得知这个消息后,马不停蹄地前去祝贺。它飞近一看,妈呀,怎么搞得蚯蚓新郎和新娘又长得一模一样?

菜粉蝶本来想问一问蚯蚓,但蚯蚓平日里不是太爱说话,可能是受到人类的高度赞扬,找不到北了,横气得很,所以就打消了问蚯蚓的念头。不过,菜粉蝶还是有礼貌的,不能空手白祝贺,它送给蚯蚓夫妇一些枯枝败叶。这是蚯蚓平日里最爱吃的食物哩。

是啊,菜粉蝶因吃食十字花科植物,人们说菜粉蝶是农业害虫,所以,菜粉蝶同蜗牛、蚯蚓根本说不到一块去。

菜粉蝶想到这里,只好飞走。它飞过田埂,越过小溪,飞到了一条水沟,见到一条小黄鳝正在打洞。菜粉蝶飞过去,问:"黄鳝先生,你光忙呀! 休息一会吧?"

小黄鳝一看是菜粉蝶，笑嘻嘻地说："哈哈，菜粉蝶小姐，我得给你纠正一个问题，你的称呼有点问题。"

"哦，对你的称呼有问题？"菜粉蝶如坠五里雾中，称呼这么尊重它，怎么还会有礼貌问题呀？

"是啊，是啊，应该称呼我黄鳝小姐。"黄鳝解释。

菜粉蝶又是一愣，赶紧道歉："是我看错了，可能是我飞得太快看得不是太清楚。抱歉呀！现在，应该称你小姐了，将来该称你是'女士'了？"

"嘻嘻，又错了。"黄鳝纠正，"将来应该叫我'先生'或'伯伯''叔叔'才对！"

哇！搞没有搞错，黄鳝一会儿这样，一会儿那样，让菜粉蝶难以适应，这是怎么回事，怎么现在是"小姐"，将来会成为"先生"，难道将来要进行变性手术吗？要不，性别还会转来转去的吗？还有，蜗牛、蚯蚓又怎么会雌雄不分呢？搞不懂，不明白。这使菜粉蝶晕菜了。

你不妨给菜粉蝶一个明白的解答好吗？

 答案

　　蜗牛和蚯蚓都是雌雄同体的动物。即每一只蜗牛或每一条蚯蚓都长有雌性和雄性两种生殖器官。但是，蜗牛和蚯蚓不能独自交配，必须是两只蜗牛或两条蚯蚓相互交配，才能繁殖后代。所以，蜗牛和蚯蚓是分不清新郎和新娘的。

　　黄鳝性别更是奇特。从卵中孵化出来的小黄鳝，条条都是雌性的。等到小黄鳝发育成熟了，产完了卵，卵巢就起了变化，变成了精巢，雌性的黄鳝就摇身一变，成了雄性的黄鳝。这叫作"性的逆转"。这就是"小姐"变成"先生"了。鸡也有性逆转的现象，人类也有这种情况。

货轮入海的疑惑

　　新新很喜欢大海，但他从小生活在一个北方内陆城市，还没有见过大海，这让他感到十分遗憾。新新的姑姑远嫁到一个南方的沿海城市。今年暑假，爸爸终于同意新新到姑姑家玩了。一想到能看到大海，洗海水澡，新新就兴奋得不得了。姑姑家的小表弟比新新小1岁。这正是新新的向导，不可多得的玩伴。

　　这天，哥弟俩来到了江边的入海口处，欣赏着南来北往的船只。新新觉得生活在大海边的人多幸福，可以随时到大海里游泳，可以欣赏过往的船只，可以感受那里的海浪。那感觉，那心情，那心里的幸福感，对酷爱大海的人来说真是美极了，要多爽有多爽，那才叫真正的幸福哩。

　　这时，从江上驶来一艘货船在鸣笛，打断了新新的遐想。新新只在书上、电视上见过货船，那印象总觉得浅，真正的货船到眼前了，他感觉好大好大，很有气魄。他感到开货船的叔叔真了不起啊。忽然，他想到了书本上学过的浮力的知识，马上浮想联翩，由实际联系到了课本，产生了一个不大不小的问号，就考起身边的小弟："这艘货轮从江河驶入大海时，它所受的浮力有没有变化呀？"

　　弟弟想了想，说："从货船上的吃水线看，江河吃水线在下，到了大海吃水线上升，货船受到的浮力应该是变化的。再说，海水里有盐分，海水的密度比一般水大得多，浮力也就应该大多了。"看来，弟弟也有一套理论。

　　"不对。"新新说。

　　"哦，哥哥怎么会不对呀？"小表弟还打破沙锅问到底。

　　"这……这……"新新一时也感到口中的词儿不够用。书到用时方恨少。

　　"哎，小朋友，是这样的。"旁边站着一个戴着眼镜的高个叔叔和蔼地说出了这个问题的答案。

　　这件事对新新的触动很大，光有书本知识看来还不够，还要学会在实际中应用，这叫理论联系实际，学以致用呀。

　　哦，你猜一猜，哪个高个叔叔讲了一个什么道理呀？

答案

　　这艘货船无论是在江河里，还是在海上，都是浮在水面上，船所受到的浮力都与船的重量相等，而船的重量没有变化，所以它所受的浮力也不变。因此，弟弟说的不对。

爷爷怎么摇头

　　大刚是一个聪明好奇的孩子，喜欢对新鲜的事物进行观察，刨根问底，随后会提出自己的疑问。当然，大刚也有自己的小毛病，喜欢在别人面前显示自己的小聪明。为此，也常常闹出一些笑话来。这不，他又弄出一个笑话。

　　放暑假了，一向在城市生活的大刚回到了家在农村的爷爷家。这天夜里天气闷热，爷爷家里没有空调，蚊子也特别多，蚊子响着喇叭围着大刚转来转去，伺机偷袭。

　　大刚睡不着，蚊子也来凑热闹，鸣着喇叭，见缝插针，让人防不胜防。别看蚊子身体弱小，但咬人可挺厉害的。蚊子叮一下，皮肤上会

起一个令人心烦的疙瘩。大刚坐在床边,开始一心一意打蚊子。想不到打蚊子也好玩,打够了,大刚才放下蚊帐睡觉。第二天一大早,大刚就起床了。他忽然想起昨天夜里打死了许多蚊子,便低头查看起来。哦,打死的蚊子有20多只,他把死蚊子收集了十几只。他边观察边想,打死的蚊子并不是一路货色,有的是黑蚊子,最凶猛;有的是枯草色的蚊子,个头特别大;还有一些小蚊子,不起眼儿。大刚观察之后,又开始想开了,人有男女之别,才能生儿育女;动物有公母之分,才能繁殖后代。那么蚊子也应该有雄性和雌性的区别,这就是动物跟人在性别上是一个样的,我打死这些蚊子肯定有雄性和雌性之分。于是,他小心翼翼地用牙签把死蚊子拨拉到纸片上,要去考一考当过科学老师的爷爷。

大刚拿着纸片慢慢走到爷爷身边,说:"爷爷,昨天晚上我打死了许多蚊子,搜集了十几只叮咬我的蚊子,你看一看,有多少只雄蚊子和多少只雌蚊子呀?"

爷爷听了后,摇起了头。这下可把大刚乐坏了,要不是拿着蚊子他早就手舞足蹈起来,他想这会儿可把当过科学老师的爷爷考倒了,自己真了不起。正当大刚得意之时,爷爷说话了:"大刚,你错了。"

爷爷这一说,如同一个晴天霹雳,差一点把大刚给震昏了。大刚急忙镇静起来,找回自我。"哦,爷爷,我的问题怎么会出错呢?"大刚感到十分意外,这可是自己经过仔细观察后得出的结论呀。咦,有时候苦苦思考的结论不一定正确呀,要经得起实践和科学的检验喽!

想一想,大刚错在哪里呀?

❤ 答案

只有雌性蚊子才吸血,所以大刚搜集的10只蚊子都是雌性的。雄蚊子一般靠吸花蜜以及植物的汁液为营养素维持生命的。雄蚊子的寿命也比较短,一般仅为一周左右。

大刚不懂这个道理,难怪在爷爷面前闹出了笑话。

捉了几只蝴蝶、几只蛾子

　　小海和大海是一对好朋友,暑假期间一起参加了夏令营。夏令营的第二天,老师布置两人一组捕捉蝴蝶和蛾子,制成标本,为今后的学习创造条件,同时也是锻炼自己的动手能力,以提高学习科学知识的积极性。

　　小海和大海领来了捕虫网,就开始捕虫。他们从 8 点开始捕捉,起初,他们兴致很浓,凭着一股热情快乐往前冲。可是,还没有等小海和大海靠近,咦,这些昆虫竟飞走了,还很精灵哩。看来,小小的昆虫也有生存技巧,不能莽撞行事。后来,他们也讲究方法,把捕虫网藏在身后,蹑手蹑脚,小心翼翼,不让昆虫发现,靠近这些昆虫后再出手,哇,竟成功了! 呵呵,小海自己戏称,这在捕虫兵法上叫"出其不意,攻其不备。"呵呵,有点军事谋略的味道。

　　就这样,一个上午,小海和大海根据"出其不意,攻其不备"的捕虫兵法,大打出手,乘胜追击,一共捕捉了 30 只昆虫,都放到了昆虫袋里。

　　晚上,营员们在一起开联欢会。联欢会挺热闹,因是临时组织,节目就不可能是阳春白雪,只能是下里巴人。这也好,你丑我丑大家丑,临时发挥,有的唱歌,有的朗读,有的跳舞,毫无顾忌,我行我素,自我展示,实在热闹和搞笑,这更能引起营员们的共鸣。这时,细心的大海发现,在外面拉的电灯,因很亮招来了不少昆虫前来凑热闹。他突然眼前一亮,对小海说:"你看灯下那么多昆虫来凑热闹,我们何不捕捉它们,这可是送上门来的礼物,不收白不收。"

　　小海一看,可不,灯光下有不少昆虫在飞,始终围着灯光转,灯光

似乎成了它们的追求。马上表态："我去拿捕虫网。"就这样，他们一口气捕捉了20只昆虫。就把这些和上午捉的放到了一起。联欢会结束后，小海和大海就把昆虫袋一起交了上去。

第二天一早，同学们将上交的昆虫袋一起装上校车拉走了，回去要找人制作标本。

上午大家活动了一段时间后，老师要大家汇报一下昨天各自捕捉蝴蝶和蛾子的数目。

"我们一共捕捉了50只，但没有确认一下有多少只蝴蝶、多少只蛾子呀？"小海很遗憾地对大海说。

"都怪我们当时没有记录清楚，光计数去了。"大海也在检讨自己的粗心。"这怎么办啊？"真是关键时刻掉链子，哪壶不开提哪壶。

身边王飞同学了解了这一情况后，马上说："这有什么难的，我知道你们捕了多少只蝴蝶，多少只蛾子！"

说得小海和大海大眼瞪小眼，感到十分惊奇。连捕虫者本身都不知道，你说王飞怎么会知道小海和大海所捕获的蝴蝶和蛾子数是多少只呀，他又不是他们身体里的蛔虫。是在开玩笑，还是在忽悠，还是真的能掐会算？

王飞会算，你知道是怎么回事吗？

♥ 答 案

蝴蝶一般是白天活动，蛾子是在夜晚活动，所以就可以推断：小海和大海捕捉蝴蝶是30只，蛾子是20只。

在这里，少年朋友不妨学一下区分蝴蝶和蛾子。

蝴蝶的触角为球棒状，而蛾的触角为丝状、羽毛状等。蛾的身体上多毛，而蝴蝶身体上的毛很少。蝴蝶的腹部细长，而蛾的腹部粗短。蝴蝶静止时两翅竖立，而蛾静止时两翅呈屋脊状或平展于体背上。蝴蝶有两对翅膀，而一部分蛾子只有一对翅膀。了解了这些，哈哈，蝴蝶和蛾子就会被区分个明白了。

会治病的空气

小狐狸一觉醒来，伸了伸懒腰，打了个哈欠，摸了一下肚子，肚子咕噜咕噜地响起来。"哦，饿了。"小狐狸自言自语道。

"到哪里去找食物吃呢？"小狐狸在思考着。"哦，何不到农牧场去走一趟？或许会碰到好运呢！嘻嘻！"小狐狸的好运就是去偷。

小狐狸走到农牧场的篱笆外，发现有一个小洞，它一闪身就进去了。

不巧，小狐狸刚进到洞内就被小山羊发现了。小山羊问："你来干什么？"

"哦，你看这里不是有一个小洞吗，我把它堵起来。"小狐狸机灵地回答。

"哦，你要堵起小洞怎么出去呀？"小山羊问。

"哦，堵起来后，我干脆来个三级跳跳出去得了。"小狐狸撒谎也不脸红。

"好的，既然你要做好事，那我应该成全你。"小山羊说完，找来了竹竿、绳子。小山羊倒要看一看小狐狸的本领。

小狐狸这下好看了。手忙脚乱，拾起竹竿，忘了拿绳子；拿起绳子，又丢了竹竿。干了半天笆篱也没有给补起来。累得直喘气，肚子咕噜咕噜又唱起歌来。他一屁股坐在地上，不愿起来了。对小山羊说："小山羊兄弟，你可饶了我吧，我肚子饿得慌，想吃点蜂蜜。"

"你是来要点蜂蜜吃，还是来偷些蜂蜜吃？"小山羊问，"你要说清楚的。"

"小兄弟，我怎么好意思说出口呢。"小狐狸低着头说，"是……是

……是来偷……"小狐狸只好实说。

"喂！你做小偷，还撒谎，多没羞！"小山羊教训道，"以后要改邪归正呀！你知道小蜜蜂采蜜可是很辛苦的噢。"

"是啊，"小狐狸说，"听说蜜蜂采集花蜜时，每采集一次需要20～40分钟，在巢内大约停留4分钟便再次出勤，流蜜盛期一天出勤10～24次。每只蜜蜂采集时将花蜜一滴滴吸入囊中，每次采集量一般为40～60毫克，基本相当于其体重。每酿造1000克蜂蜜需要进行几万只次的采集飞行，采访几百万乃至上千万朵鲜花，可见蜜蜂采蜜的辛苦。"

"说得还不错。那就赏给你一点蜂蜜吧！"小山羊说完就带着小狐狸去取蜂蜜。

它们走到蜂箱跟前，只见两个穿白大褂的工人在操作。

小狐狸问："它们在干什么呀？"

"哦，你猜一猜。"小山羊说，"这里的公民最显著的特点就是爱劳动。"

小狐狸知道又是说给自己听的。便假装不知，说："我看它们拿的家伙，不像是在采蜜。"

"哈哈，算你有眼力。"小山羊说，"它们在搜集蜂箱里的空气。"

"噢，哪里没有空气，还到这里收集，是干什么用的呀？"小狐狸追根究底。

"蜂箱里的空气能够治病呀！"小山羊说。

"哎呀！奇怪。"小狐狸不解地说，"我知道用蜂蜜、蜂王浆可以治病，但从来没有听说蜂箱里的空气也能治病。喂！小山羊兄弟，你不能因为要给我点蜂蜜吃，就来忽悠我呀。"

"哈哈，我怎么会呢？"小山羊一脸的真诚。

你知道，蜂箱里的空气真能治病吗？

蜂箱里的蜂胶，含有树脂、树胶、蜂蜡、芳香油、花粉和酮类等化合物。蜂箱里的空气中，包含这些物质，能够抑制人体呼吸道病毒的活力，对治疗感冒、流感很有效。科学家经过多年观察，发现养蜂的人很少患感冒，主要原因是他们的工作中常常打开蜂箱，呼吸到了蜂箱里的空气。

神法儿，让移栽的树苗成活

育才学校新建成了一座教学大楼，教室宽敞，窗户明亮，阳光透进来给整个教室笼上一层金色。同学们坐进了崭新的教室，感到心里充满着阳光，很开心。但几天之后，同学们发现，这崭新的教室有点儿美中不足：就是教室外面缺少一排树木。如果大楼四周栽上树木，让绿树成荫，同学们走在路上，也会受到绿叶的保护，在那里徜徉，在那里读书，在那里乘凉，等等，都是十分惬意的。再说，这也是一个纪念呀！到时候，这是哪年级哪班的同学栽的树，我们该多自豪呀！

同学们想到这里，就去找校长，把这些想法向校长汇报了。校长一听，笑哈哈地说："同学们的意见很好，我们老师也想到了这个问题。"

"校长，那怎么还不栽树呢？"一个急性子同学忙问。

"我们不是不想。我们已经联系好了一批小杨树苗。"校长说，"只是学校因建设花费了很大一笔钱，现在学校没有钱雇人栽树了。"

"那我们自己栽不行吗？"一个学生回答。

"好的。你们这种精神很值得大家学习。"校长高兴地说,"那我们同学和老师一起栽。"

"校长,我们支持你。"同学们几乎异口同声地说。

"不过,现在正是夏季,我们栽树苗不容易成活。"校长提出了自己的担心,"但大家可以想一想办法,看怎么来解决这个问题。"

同学们乐了,自己的建议得到了校长的采纳。于是,同学们开动脑筋想起办法来。

"哈哈,有了。"小刚说,"我有办法啦!"

咦,你知道小刚的办法是什么呢?

♥ 答 案

枝叶繁茂的小杨树,叶子在夏天里蒸腾作用很强,散失水分很快,这很不利于移栽。小刚同学的办法是:一是起苗时要加大根部的土坨,以减少对根毛的损伤;二是去掉大部分枝叶,以减少水分的蒸发,这样才可以提高移栽树苗的成活率。

猜谜的招数

夏天的一个中午,向辉、任明、石香和彬彬围在一起,说天道地,谈论得十分热烈。一会儿,向辉说:"我们来玩猜谜语吧?"

"好呀!"大家一致赞成。

"好吧,我先出一个谜语大家猜一猜吧。"向辉津津乐道,"初一像镰刀,初十像只饺。十五像圆镜,三十不见了。"

向辉刚说完,石香便急忙抢着说:"是月饼!"

大家一听，"哈哈"大笑起来。大家知道，石香属相是猪，而且他自己也是一个十足的"吃货"。

"你们笑什么呀？不是月饼是什么呀？"石香反击，不高兴地撅起了小嘴。

任明说："我说是月亮。"

"对！是月亮。"大家都赞同。

"大家听好，我也说一个谜语大家猜。"任明说，"千条线，万条线，落到河里就不见。"

任明刚说完，彬彬就说："是雨。"

任明说："彬彬真行啊，好厉害呀！"

石香听后，感到不服气。便拿来了两顶帽子，一顶是黑布的，一顶是白布的，对彬彬说："你把眼睛捂住，要是你猜出它们不同的颜色来，就算你真的聪明。我就佩服你！"

听听，显然是不服气。让你石香佩服算啥事呀！不过，彬彬倒对这个游戏感起兴趣来，便说："那让我试一试吧。"

石香只为他的设计而高兴，没有看出彬彬脸上的一些细微的变化，急忙用一块布扎在彬彬的头上，把眼睛蒙住。彬彬拿过两顶帽子，在太阳下，戴戴这顶，又戴戴那顶，最后，摘下头上的帽子说："这顶是黑的。"

"猜对了，猜对了！"向辉、任明高兴地为他拍手。

这会儿，石香算心服口服了。称赞地说："彬彬，我算服你了，你真聪明！"

奇怪呀！彬彬眼睛看不见，怎么猜出两顶帽子的不同颜色呀，他用的是什么招数呀？

答 案

　　帽子黑色的比白色的更容易吸收热量，温度高些，比较热的是黑帽子。因是夏天，时间不长就很容易判断出来。关键是要想到这一方法。

树木年轮断纠纷

"向阳坡,向阳坡,

这里的阳光就是多;

草儿旺,土地沃,

在这里生活多快活;

你打鼓,我打锣,

蹦蹦跳跳你追我。"

……

几个小朋友在这里唱着儿歌,高兴地玩耍着。

忽然,在远处传来了争吵的声音。

"这树是我家的!"

"才不是,树是我种的!"……

几个小朋友听到争论声立即跑了过去看热闹。其中一个小朋友听明白了缘由,预感这样下去很可能把事情闹大,就打电话给哈特探长。

正巧哈特探长闲着没事,就和助手阿戒很快来到了出事现场。

"探长,是这么回事。"小白的爸爸很委屈的样子,"我在这里栽种了 10 棵树。我想把树伐了盖房子,谁知,小辉的爸爸见我要伐树,就

来阻止我，说这树是他栽的。我说是我栽的，于是，我们两人就争论了起来。"

"哦，原来是为争树的事耶。"哈特探长说，"小辉的爸爸，你说是怎么回事呀？"

"我见到了小白的爸爸先锯倒了2棵树，"小辉的爸爸急忙解释，"我就过去阻止，我说小白的爸爸，这树是我20年前盖完房栽的，树不是你的呀！可谁知小白的爸爸却说，你弄错了，这树是我13年前盖完房栽的。我栽的树怎么会让给你呢？"

"于是，你们就争论了起来，对不对呀？"哈特探长接过话茬儿。

"对，对！"两个爸爸马上附和。

"哦，不是小白的爸爸先伐倒了2棵树吗？"探长问。

"是的，探长，我是先伐了2棵树。"小白的爸爸说。

哈特探长听后就围绕着树桩转了起来。

"探长，你数一数这树的年轮有多少就可解决问题啦？"助手阿戒数了数树木的年轮后提醒探长。

哈特探长一听心领神会，特意说："你们说一说，你们各是哪年栽的树呀？"

小辉的爸爸说："这是我20年前盖完房栽种的，这树是我家的。探长您给评评理！"

小白的爸爸说："这是13年前我家盖完房栽种的，自然是我家的。"

"你们说得好，对栽种树的年限都很清楚。这样吧，"探长说，"你们先数一数这树木的年轮吧。"

于是，小辉的爸爸开始数起了年轮，不多不少正好是20圈。

小白的爸爸数了数，正好是20圈，怎么不是13圈呀？他的脸红了，但嘴上没有说什么。

"想必你们都数好了，"探长指着树桩，"树木的年轮正好是20

圈，它一年长一圈，说明长了 20 年。在长到第 7 年变窄，可能是小白的爸爸家盖房碰的，影响了树的正常生长。"

众人听到探长的话，仔细一看果然如此。在众人的说服下，小白的爸爸终于认了这个理，把树给小辉的爸爸送了去。

一场剧烈争论，甚至可能发展到大打出手、不堪设想的局面就这样给解决了。

噢，用树木年轮解决纠纷问题，很有说服力。你知道其中的道理吗？

♥ 答 案

树木被伐倒后，在树墩上我们可以看到有许多同心圆环，这称为年轮。年轮是树木在生长过程中受季节影响而形成的，一年产生一轮。每年春季，气候温和，雨量充沛，树木生长很快，形成的细胞体积大，数量多，细胞壁较薄，材质疏松，颜色较浅，称为早材或春材；而在秋季，气温渐凉，雨量稀少，树木生长缓慢，形成的细胞体积小，数量少，细胞壁较厚，材质紧密，颜色较深，称为晚材或秋材。同一年的早材和晚材合起来称为年轮。第一年的晚材和第二年的早材之间，界限分明，成为年轮线，表明木材每年生长交替的转折点。因此从主干基部年轮的数目，就可以了解这棵树的年龄。

要注意的一点是，生长在温带地区和有雨季、旱季交替的热带地区的树木才有年轮，而生长在四季气候变化不大的地区的树木则年轮则不明显。

在树木的年轮上，蕴含着大量的气候、天文、医学和环境等方面的历史信息。同时，在历史考古、林业研究、地质和公安破案等方面，年轮也起着重要的作用。

狗跑得远，就出汗多吗

　　一天下午，小明和小东放学一起走在回家的路上。小明正津津乐道地给小东讲昨天晚上看的电视节目，突然，一只黑狗从他们身边穿过，迅速向前跑去，把兴致勃勃的小明吓了一跳。小明捂着砰砰跳动着的胸口，说："我的妈呀，可把我给吓死了。"他又听到后面有响声，急忙回头一看，"妈呀，还有一只灰色的狗在后面追来。"是打架、是玩耍、还是……不得而知。

　　"这是怎么回事呀？"小东惊奇地问。

　　"我明白了，是前面的黑狗害怕后面的灰狗，所以拼命向前跑。"小明笑着说。

　　"哈哈，我看是后面的灰狗追着前面的黑狗在向前跑。"小东说。

　　"喂，你真会说话。"小明说。

　　"咦，我们说的不是一个意思嘛？"小东诙谐地说，"这说明你同样会说话。"

　　"哈哈，我们是一对会说话的人。"两人异口同声地说，随后，他们竟会心地笑了。

　　两只小狗还在前面追赶着，后面的灰狗跑得比前面的黑狗快，逐渐追上了黑狗。这一奇怪的现象，突然激发了小明思维的火花，他猛然想到一个问题，开始问小东："你说前面快速奔跑的两只小狗，哪只小狗身上流的汗多？"

　　小东抬头看了看当头的烈日，又望着跑远的狗，便说："在后面跑得快的灰狗流汗多。"

　　小明马上反驳："不对，那只跑得慢的小狗显得笨，比跑得快的那

只累,所以,我说跑得慢的黑狗出的汗多。"

"你怎么能这样理解呢?"小东说,"跑得慢的付出的少些,跑得快的付出的多些,所以,跑得快的流汗要多些。"

于是,你一言,我一语,小明和小东都想说服对方,他俩是半斤对八两——谁都没法说服谁。两人争论得面红耳赤。但还是旗鼓相当,难分上下。

这时,一位身着时髦的青年急匆匆走来。小明迎上去,有礼貌地说:"叔叔,打扰一下,我们想请教一个问题。"

"小朋友,什么问题呀?"叔叔停住了脚步,和蔼地问。

于是,小明一言,小东一语,就把问题给说清楚了。

这位身着时髦的叔叔听后,笑着说:"这一会儿,你们说得都不对。"

"叔叔,你开玩笑吧?"小明反应敏捷,急忙辩解,"真理只有一个,我们两个观点正相反,应该是有一个对的,有一个错的。怎么都会错呢?"

"是啊,我也认为叔叔说得不对,怎么会都错呢?"小东也感到不对头,"是不是叔叔不好意思说出来呀?"

小明和小东缠着这个问题不放,叔叔没有办法,只好对他们解释起来,小明和小东一听,豁然开朗,原来是这样,都知道自己说错了。

乖乖,不见棺材不落泪,不到黄河心不死。你说这是怎么回事呀?

答案

　　都不出汗,狗身上没有汗腺。狗的身体表面没有汗腺,狗的汗腺长在舌头上,天气炎热时伸出舌头用急促喘气的方式来散发身体内的热量,达到降温的目的。

涩柿子变甜

晓菲的奶奶家住在大山里，那里有许多柿树，到了深秋季节，黄黄的柿子挂满了枝头，如同一盏一盏小灯笼，十分好看。对此，晓菲的印象很深刻。

可当采摘活动结束，总有一些熟透了的柿子留在高高的枝头。这些留在树上的、黄澄澄的小灯笼，成了当地一道独有的风景线。

晓菲来到奶奶家里看到这些奇怪的现象，好奇地问："怎么还要留一些柿子高高挂在枝头？多可惜？"

奶奶解释说："不管柿子长得多么好，我们也不会全都摘下来，因为这些柿子是专门留给喜鹊过冬的食物。"

"为什么要这样？"晓菲感到不解。怎么人与鸟类的关系这样和谐？

"原来，柿子园在当地已成为喜鹊的繁衍栖息地。每年秋去冬来，它们都在柿子树上筑巢过冬。"奶奶回忆起来，"有一年的冬季特别寒冷，鹅毛大雪下了好几天，几百只喜鹊无法觅到食物，竟在一夜之间，全被活活饿死、冻死。来年春天，柿子树吐绿发芽。可正要开花结果时，一种不知名的毛毛虫突然泛滥成灾，结果所有的柿树在这一年几乎绝产。果农们这才醒悟：如果头年冬天，喜鹊没有饿死冻死的话，那么就不会导致虫灾了。自那以后，人们每年在秋天收获时，都会有意留下一些柿子挂在枝头，给喜鹊作为过冬的粮食。甜蜜的果实吸引着大批喜鹊唧唧喳喳来到柿子园，这些善解人意的喜鹊，仿佛懂得了人们留给它们柿子的心理和愿望，于是心存感恩，并开始积极报恩。即使春天来了也不急于飞走，干脆把这里当成了自己的家。

一天到晚地忙着捕捉柿树上的害虫，从而确保了柿子每年的大丰收。人与喜鹊就这样和谐共存，其乐融融。"

晓菲对奶奶讲的故事，还记忆犹新。每当吃柿子时，她就想到了这个故事。

这天，奶奶让人给捎来了许多柿子。妈妈洗了几个，晓菲拿起来就吃，"哇！好涩呀！"晓菲咧着嘴，伸出了舌头。

"柿子这么涩怎么吃呢？"妈妈尝了尝，皱着眉头说。

"妈妈，我看是这样。"晓菲来了精神，"我想，奶奶怕给我们全是熟柿子一天两天吃不完坏了，她给我们全是生柿子，让我们自己催熟吃，这样会吃的时间更长些。"

"小丫头，说得有道理。"妈妈赞同地说，"不过要催熟，这要多麻烦呀。"

"妈妈，这不麻烦的。"晓菲神采飞扬，"这事交给我办好了。"

"小丫头，你怎么办？"

"要吃柿子的时候，提前几天把十几个柿子放到塑料袋里，"晓菲说，"再在里面放上三四个香蕉或同样多的苹果，封住口，放在温暖的地方。这样分批做不就行了吗。"

"几天柿子就熟了吗？"妈妈担心地问。

你能回答这个问题吗？

答 案

　　可以肯定地说，生涩的柿子在几天后，会变得又甜又软。
　　成熟的香蕉或苹果等水果能释放出一种具有香味的"乙烯"气体，这种气体对柿子有催熟作用，所以，把生涩的柿子和成熟的香蕉、苹果、梨等放在一起，几天后就会被催熟，变得甜软可口。

指挥有方的猴王

驼峰崮和马头崮是两个相距二十几千米的孤立山头。这里树木密布，野果遍地，是猴子居住的乐园。驼峰崮和马头崮之间隔有一条小河，驼峰崮在河的上游。

驼峰崮的猴群，是清一色的白猴，猴王是一个生性好战的分子，因经常和其他猴群发生战争，一次在战斗中眼睛被一块石头击中，成了"独眼龙"，被臣民私下称为独眼大王。

马头崮上的猴群，是清一色的黑猴。猴王是只有一对大门牙的猴王，被臣民私下称为大牙猴王。

初冬季节，独眼龙猴王看到马头崮那里的猴子生活得好自在，十分羡慕。于是，心生一计，想把那里的猴群赶出去，自己的子孙好在那里居住。于是，就下令进攻马头崮上的猴群。

大牙猴王可不是等闲之辈，面对来势汹汹的来犯者，并没有被吓倒。大牙猴王指挥猴群进行反击。双方打得难分难解，死伤惨重。不过，黑猴顽强抵抗，终于将白猴打败，白猴很快撤退了。大牙猴王对手下说："乘胜追击！不给敌人喘息的机会！"黑猴子们咬牙坚持乘胜追击，是啊，猴子们很疲劳。当追了十几里路时，突然追到前面的猴子队长前来报告说："白猴将河上的水闸打开了，前面的道路被水淹没，而且洪水很快会向我们这里涌来。"

"看来，对方是在用水阻挡我们的进攻。"大牙猴王迅速地作出决定，"停止追击，立刻撤退！"大牙猴王下令。

"快跑呀！大水就要来了！"黑猴子一片混乱，猴子怕水，谁不快跑就会被河水淹没，哪有不跑的道理？有序的队伍顿时乱了起来。

大牙猴王很有耐性,在部下撤退的时候,它仔细查看了周围的一切。突然它看到路边上有不少蜘蛛在吐丝织网,它得意地笑了。迅速下令:"不准后撤,原地待命!"

撤退才几里路,散乱的猴子只好收住了脚步,不敢再继续后撤,违背命令那是要掉脑袋的事情。

不过,大家怨声载道:

"一会儿前进,一会儿后撤,谁还经得起这么折腾呀?"

"唉,我们的大牙大王不知葫芦里卖的是什么药呀?"

"大王怎么还出尔反尔,简直不像话……"

牢骚归牢骚,怨气归怨气,军令如山,谁也不敢违抗。

黑猴们原地安营扎寨,侦察瞭望;一边加强警戒,一边整顿休息。过了一天又一天,转眼三天过去了,猴子们感到奇怪:洪水怎么还没有席卷而来?这是怎么回事儿,难道军情有假?猴子们一向吃豆子等不到豆烂,只好瞎猜一气。

结果,休整的猴子们个个精神饱满,士气高昂。午夜,大牙猴王下令:"全体士兵继续前进!"

当大家来到河边,哪有水的影子?宽宽的河面早结冰,众猴子们不用涉水,在冰上溜着冰儿,向对岸前进。猴子们无不欢欣鼓舞,斗志倍增。

黑猴子部队踏冰过河,直扑驼峰崮上的猴群。

驼峰崮上的猴子还在睡大觉,它们认为有汹汹的河水阻挡,黑猴子过河那是做白日梦。根本没有做好战斗的准备。在白猴子还在睡觉的当儿,被擒个正着。一个个被黑猴子捆绑起来。

少数机灵的白猴子,迅速组织反击也被黑猴子打个落花流水。黑猴子大获全胜。

在欢庆胜利的大会上,小猴子们围着大王转来转去,对大王佩服得五体投地。

一个小猴子爬到大牙身上撒娇,说:"我亲爱的大王,请你告诉我,你怎么这样神机妙算?"当猴王讲给大家听的时候,大家更加佩服大王。

是啊,大王不是每一个公民都可以胜任的。

你知道大牙大王出此计策的根据吗?

♥答案

三天前,当黑猴群后撤时,大牙猴王便看到路边大量的蜘蛛正在吐丝结网,这是寒潮将到的信号。正是这骤降的寒潮将水结冰为黑猴提供了战机,从而使得黑猴赢得了这次胜利。

咦,这样的好狗也有假

马吹是学校业余侦探团的主要成员。这个学校的侦探团,是一个喜欢侦破的同学组成的,主要是为同学们服务的,如有的同学丢了笔,丢了钱,水果被偷吃等一些小打小闹的事情,这都属于侦探团的任务。

马吹在近几天破获了几件在同学们看来了不起的案子,而声名鹊起。如王哈哈的手绢丢了,被马吹给找到,实际上马吹为提高自己的地位是悄悄给买的。张巧手的苹果被谁偷吃了,结果也是被马吹给破了案。原来,马吹衣兜里装有一个苹果,没有舍得吃,就大方地掏出来说:"不就是一个苹果吗,还有这么大惊小怪。让同学们见到还说你小气呢。给,权当是我给你破案物归原主的。"马吹面对大呼小叫的张巧手教训起来。张巧手一看又大又红的苹果,立马眉开眼笑起来,急忙拿过来,说:"那就谢谢你给我破案了。"说完,对着大苹果"咔嚓"一声咬了一口,那个脆生劲儿要多棒有多棒。馋得马吹咽了一下口水。要知道,一早上了,马吹都没舍得吃,为了赚个好名声,只好忍痛割爱了。有道是:有付出,才有收获。也是一般人的做事原则。他只能在心里痛:天哪!我的苹果呀!本应该进到的我的肚子里,却进到张巧手的肚子里。

"大家知道吗,我丢失的苹果是马吹给我破案找回来了,大家看我吃得多香呀!"张巧手吃了人家的,就要为人家干事啊。经她这么一吆喝,我的妈呀,马吹破案的大名还真的传开了。提起马吹,大家都说是他是破案能手。

这天,同学们在距离校园门口的一堵墙上,看到这样一则海报:

本侦探因破案需要一只凶猛、而且机灵的好狗来协助我。

马吹

即日

原来是马吹在寻找破案帮手呢。

一天,马吹坐在沙发上,回顾他破案的"辉煌"经历,竟得意地笑起来。哈哈,这也叫破案呀!

这时,"叮咚!叮咚!"门铃响了。马吹急忙去开门。只见,四年级的王晓哈手中牵着一只硕大而健壮的狗,进门便对马吹说:"我认识你,你就是大名鼎鼎的马吹同学。"

"是啊,是啊。"马吹不仅高兴,还十分得意。"找我有事吗?"看上去很有派头。在小同学面前善于装的马吹在这一点十分出色。可以说无师自通,自学成才。

"我在校园外的墙上看到你的海报,你是要一只体健而凶猛,敏捷而机灵的好狗。于是,我就把我家的好狗给牵来了。"王晓哈十分敬佩地说,"我这只狗完全符合你的要求。于是,我就想卖给你。请你务必多想一想,千万别错过这一难得的好机会。"

马吹点着头,和颜悦色地对王晓哈说:"你的口才令我佩服。不过,要帮助我破案的狗一定是好狗,我想听一听,这只狗到底有什么与众不同的地方呀?"

"哈哈,我不瞒你说,这是只荷兰名犬,是我爷爷心爱之物。"王晓哈津津乐道,"我爷爷是位扳道工。他勤奋工作,忠于职守。有一天,一列火车鸣着汽笛,疾驰而来,爷爷正想去扳道,不料,他突发心脏病跌倒在地。可就在这万分危急时刻,我的这只狗一跃而起,将爷爷晒在扳道房里的红色线衣拽了下来,叼着它飞速冲上铁道。迎风飘扬的红色线衣犹如一面危险的信号旗,火车司机看见了,采取紧急刹车,终于避免了一场车毁人亡的惨剧发生。凡是目睹了这惊险场面的人,都对这只狗赞不绝口。如果你在场的话,一定也会对它佩服至极。"王晓哈用典型事情说话,想用真实故事感人。

"哈哈,你的狗故事可谓感人到家了。"马吹说,"不过,你这与众不同的好狗似乎好过了头;另外,我很佩服你这虚构故事加工的高明手法。"

"嗨,我说的全是真的呀!"王晓哈大声地声明,似乎在央求。

"你有这只狗是真的,而这狗不知道你爷爷的信号旗或线衣是红色的也是真的。"马吹一针见血地说,"对不起,你另找别的买主去吧!"

王晓哈听后,只好懊丧地摇着头、牵着狗走了。

哎,这是怎么回事呀?你知道其中的道理吗?

❤ 答 案

狗不知道信号旗或线衣是红色的。因所有的狗都是色盲。就是对周围的颜色没有什么感觉,它看什么东西都是一个颜色。

怪呀，钟怎么不敲自鸣

　　猴子王国很重视佛教，决定在大大小小的山头建设庙宇。猴子王国领土上有一座娘娘山和跺山，猴子大王勘察之后，对手下说："在娘娘山和跺山上建一座庙宇，可以增加两个旅游项目，还可以保护那里的植被，有利于生态发展。"

　　大王的命令很快得到执行。不久，猴子们的能工巧匠就在娘娘山和跺山的山顶建起了庙宇。为了遥相呼应，各个祠庙都设立了一个大钟。当猴子们敲钟时，钟声响亮，余音缭绕，让人感到十分庄重。猴子们欢欣鼓舞，感到十分好玩。娘娘山的祠庙主持是妙真和尚。跺山的主持是若水和尚。

　　不几天，妙真和尚发现了一个问题，每当跺山上的钟声悠扬响起时，娘娘山的钟声也会跟着幽灵般地鸣响，如同魔鬼啜泣，缭绕的余音更似幽灵般的飘荡。这是怎么回事？是鬼神作怪，还是这里有股邪气？老和尚妙真本来就迷信，这时他感到精神恍惚不定，时间一长，他茶饭不思，患病不起。于是，小猴子传开了，钟不敲自鸣是鬼神作怪，猴子们都不敢去敲钟了。

　　这个消息如同长上了翅膀，很快就传开了。一传十，十传百，加上传话猴子的想法及猜测，各自发挥，传来传去，传得十分玄乎，与实际也就走了样子。

　　这件事传到跺山若水和尚那里。这一天，他前来看望好友妙真和尚。从言谈之中，若水了解到了这里的一些情况。

　　娘娘山上的钟不敲自鸣，若水和尚感到好生奇怪，再仔细观察大钟，与别的钟也没有什么两样，怎么会不敲自鸣呢？

若水和尚走来走去,在琢磨解决问题的办法。

正当苦思冥想之际,突然,跺山祠庙里的大钟响了起来。接着,娘娘山的钟也发出了嗡嗡的响声。听到钟响的妙真和尚面色苍白,十分惊恐。过了一会儿,钟声停了,随之,娘娘山的钟响也慢慢停止了。

若水亲眼目睹了这眼前的一切,他马上领悟到了这个问题的原因。只见,若水和尚笑着说:"老朋友,我有办法来解决这个问题了。"

"哦,那太好了。"妙真和尚喜出望外。

"哈哈,不过,你可要请客呀。"若水笑着说。

"请客算什么,只要你治好我的病,天天请客都行。"妙真说道。随后,妙真对手下吩咐,准备客饭请客。

在筵席上,若水酒足饭饱之后,从衣袋里掏出一把锉刀,起身在大钟上锉了几下,并向妙真和尚说明了这个问题的奥妙。

自此以后,大钟不再响了。妙真和尚的病从此也痊愈了。

你知道,这个大钟被锉了几下,怎么就不再响呢?

♥ 答 案

一切声音都是由物体的振动发出来的。不同的物体每秒钟都有不同的振动次数,即频率。如果两个物体的频率相同,当其中一个发声时,另一个也会随之发声。跺山的钟声响起娘娘山也会响起,就是这个道理。当用锉将钟锉后,改变了钟的频率,所以就不再发声了。

四个挺玄的问题

育才学校十分重视学生的智力开发,因此,每个学期都要举行一次智力比赛。学生们都争相报名参加,因为,智力比赛可不同一般的竞赛。这个项目一次一个花样,每次比赛内容都不同。这学期的智力比赛又要开始了,参赛选手马小哈准备了四个智力题,可别小看,这可是他绞尽脑汁之后的智慧结晶。

在智力题班会上,马小哈幽默地说道:"同学们,欢迎大家参加智力比赛,我这厢有礼了。"说完,弯腰给大家鞠了一躬。

"呱呱呱"班里响起了热烈的掌声。

"谢谢大家!"马小哈的口才可是不错的,他声音洪亮,"大家看我手里拿的是什么呀?"说着将手中两头一样粗的木头递给大家看。

马小哈身边的几个同学接过一看,唉,这马小哈准备来准备去,原来准备了一根一般粗的木头。两头一样粗细的木头,从外形上无法分辨其根和梢。这也算出智力题吗?大家感到无语。

不过,人家马小哈却有板有眼地说:"这块木头两端一样粗,从外形上看,根本区分不出根和梢。但今天,我就要大家自己区分出根和梢。"

一时间,大家议论纷纷:

"怪呀,外形一样,这怎么区分出根和梢呢?"

"这不是难为大家吗?"

"这怎么区分,如同老虎吃咬天无从下口。"

正当大家面带难色、议论纷纷的时候,四年级的吴小虎报告说:"这样外形的木头看不出根和梢,但我有办法区分根和梢。我不妨介绍一下给大家听一听。"于是,就如此这般地介绍起来。大家一听果然有道理。哈哈,头彩被吴小虎给夺了去。

马小哈说:"我们鼓励吴小虎,给他一点掌声。"

顿时,观众响起了热烈的掌声。

接着,马小哈进行第二个项目比赛。"请大家听好。"马小哈说,"第一,柳河上有一高一低两座桥,在两次发山洪时,两座桥都被淹没了,为何那座高桥被淹没了两次,而低的倒只是淹没了一次。"

　　大家又开始议论纷纷,这是个什么逻辑的问题呀? 哈哈,怪歪的。

　　"请大家注意,接着我们进行第三个问题。"马小哈继续说道,"有一个问题,如果不问,则不知道答案;如果问了而且得到回答,则答案一定是'没有'。请告诉我这是什么问题?"

　　大家又开始摇头了,哦,这是多么古怪的问题呀,太有意思了,太给力了!

　　"请大家听好。"马小哈侃侃而谈,"第四个问题,一个人,如果将自己身体的某一个部位放在左手掌上,那么其右手就摸不着;反之,也是这样。哈哈,请你告诉我这是什么?"

　　这时候,大家鸦雀无声。

　　原来,大家进入思考状态。都想出人头地,抢先回答。

　　马小哈仔细观察大家的脸部,不少人都面带难色,看来请这些人回答问题是没有戏的。难道这么多人就没有明白的?

　　正当马小哈观察的时候,吴飞站起来,说:"我知道这三道题的答案了。"吴飞就津津乐道地介绍了起来。

　　我们不妨也提问一下,亲爱的读者,你猜到这四个问题的答案了吗?

答案

　　第一个问题:把木头放在水中,根部会稍沉,梢部会稍浮。因为根部比梢部的密度大一些。

　　第二个问题:第一次发山洪时,两座桥全被淹没了,水退后,只露出了高的一座,低的一座仍被淹着;第二次发山洪时,把高的一座又淹没了。因此,高的被淹没了两次,而低的只淹没了一次。所以才有上面的说法。

　　第三个问题:这个问题是"你睡着了吗?"

　　第四个问题:这个部位是胳膊肘。

小硬腭鱼斗大鲨鱼

硬腭鱼,身子短,背部扁,肚圆,全身长着尖利的刺儿。是鱼类中很不起眼的一员。

鲨鱼,素有"海中霸王"之称。它身体大,游水快捷,捕食凶狠,牙齿锋利无比,令众鱼望而生畏。在海洋世界里,鲨鱼能把谁放在眼里? 它甚至连巨大的鲸都不怕。

有一天,鲨鱼在游荡中遇到了一条小不点儿鱼——硬腭鱼,正想张开嘴吃掉它。不料,硬腭鱼开口说道:"慢着,大鲨鱼,我们是第一次见面,你不知道我是谁吧?"

鲨鱼向来横行霸道惯了,岂料这小小的鱼儿竟然以这样的口气跟自己说话,便不悦地喝道:"嘀,好大的口气! 你这个小东西,我怎么会知道你呢!"

"哈哈,你不认识我,但我认识你。"硬腭鱼不卑不亢地说,"那我自己介绍一下,我身体小,名字叫硬腭鱼,人家叫我海里的刺猬。"

"哦,是海中的小刺猬。"大鲨鱼傲慢地说。仔细一看,哦,它没有说谎,硬腭鱼身上果然长满了棘刺,活像一个陆生的小刺猬。不过一想,就是这海中的小刺猬又有什么能耐呀? 自己连钢丝都敢吞下,钢丝总比小硬腭鱼身上的棘刺硬吧,这又有什么可值得显耀的地方。一定是小鱼怕死,用大话来吓唬自己。哈哈,好笑,好笑呀! 哼,这小东西今天遇到我算你倒八辈子霉了。算你的寿命就到这里。

大鲨鱼想到这里,便不耐烦地说:"小东西,有话快说,要不要留下遗言,我负责给你转告。我已经没有耐心了。"

"我要警告你鲨鱼!"硬腭鱼十分严肃地说,"你也不要后悔,世界

上没有什么后悔药,我现在警告你还为时不晚,你也不要以强欺弱呀!要听人们的劝告。这个地球上你不要狂妄自大,长江后浪推前浪;你的克星多着哩。"

"咿呀呀,气煞我也!"大鲨鱼从来还没有人敢如此教训它,这个海里的小不点竟敢教训起我来,看来是活得不耐烦了,还跟它啰唆什么!大鲨鱼把嘴一张,呼啦一声——就把硬腭鱼吸到肚子里了。

不一会儿,鲨鱼感到肚子不太舒服:哎!是吃急了,还是被气的?这可是从来没有的事情。

"哎呀——"忽然大鲨鱼觉得肚子一阵剧烈地疼痛,一甩尾巴,把海水掀起了十几米高。

"妈呀!痛死我啦!"大鲨鱼的肚子似乎被刀割,疼痛得难以忍受。不停地在水中翻滚,再翻滚……

各种鱼儿看到大鲨鱼这样疯狂地翻滚,都吓得躲得远远的。

再挣扎了一会儿,大鲨鱼没有了力气,漂到了水面,直挺挺地躺起来了。

哇!已经断气啦!

哦,怎么吃了一条小小的硬腭鱼就会送命呀?难道小硬腭鱼有毒?还是什么原因?

喂,你知道这是怎么回事吗?

❤ 答 案

小硬腭鱼在鲨鱼的胃里鼓成一个刺球,采取了孙行者钻进铁扇公主肚里的战术,到处乱刺乱撞,还不停地啃咬鲨鱼的胃壁。鲨鱼会被小硬腭鱼闹腾得疼痛难忍,在海里翻滚。小硬腭鱼可不管这一套,继续乱撞乱咬。结果,鲨鱼的胃被咬穿,小硬腭鱼再从腹腔啃到鲨鱼的两肋。鲨鱼的身体被啃出了窟窿,小硬腭鱼也吃饱了,就从窟窿钻出来了。

奇特的惨案

寒冬的一天,天气特别冷。猴子国王尖嘴儿,按照计划要到基层视察,因路途遥远,他只好乘坐火车前去视察。

基层站长大嘴猴接到国王下来视察的通知,马不停蹄地准备着。一大早,他们不顾寒冷,带领着手下的猴子们前来奉命等候。

大嘴猴带着手下在铁路两边排成两列毕恭毕敬地站在那里,一个个都表现得忠诚无比,实际上却是各怀鬼胎。部下想,自己表现好了可能得到大嘴猴的提拔,自己的仕途就会光明,所以天气很冷,猴子冻得哆哆嗦嗦,但还是恪守职责。而大嘴猴却在想,国王呀,国王,你最好这次光临我们这里,哪怕和我点点头,握握手,我都会有提拔的可能,我前途会更加光明,或许被加薪。天气虽然寒冷,但他仍然带领着部下,排列在火车站的两旁,恭候国王的到来。

盼望着,盼望着……

哆嗦着,哆嗦着……

隆隆声,隆隆声……

呵呵,终于听到远处的火车声。猴子们都自觉地将队排得更加整齐。

火车终于在大家的期盼中来到了。可是,尖嘴猴国王临时改变了主意,不在这里下车了。但大嘴猴不知道这些,带领着部下向火车靠拢,但火车似乎没有停下的象征。正当大家怀着喜忧参半的心情引颈眺望的时候,火车如离弦之箭,从猴群中呼啸而过。

说时迟,那时快,站在路基两边的猴子都感到身后有一股莫名其妙的力量,如同后背被人猛击一掌,此掌犹如千钧之力,自己根本无

法改变。咦,告诉你吧,还没有等明白是怎么回事,大家都身不由己地扑倒在疾驰列车之下,霎时造成了重大的交通事故。

当时,经清查,有 6 只猴子受伤,包括站长在内的 38 只猴子魂归西天。

面对这场惨祸,国王深深感到不安,自己的臣民在自己坐的车轮下丧生了。他深深感到自责。是啊,要不是自己临时改变了主意,臣民们是不会丧生的,这是鲜活的 38 条生命呀!

为此,国王下令查清这次事故的原因,对嫌疑犯要严加惩处。

猴子王国的最高检察院检察长亲自到达现场调查,但查来查去,都没有查出原因。这是怎么回事?这可难坏了最高检察院检察长,无奈,他只好在调查报告上写道:

"每一个公民,都是上帝的绵羊,迟早要回到上帝那里报到。"

大家一看这个调查报告,不仅瞪大了眼睛,张大了嘴巴。不相信这空洞的调查报告。但是什么原因呢?当时的猴子们没有能够解释的。只能说是上帝的绵羊到上帝那里报到去了。

哈哈,考一考,你知道这是怎么回事吗?

 答 案

在气流或水流里,也就说在流体里,如果其速度小,则对物体的压力大;反之,压力则小。

当列车高速运行时,站长和部下离列车很近,面前的空气高速流动,因此对人的压力很小,而背后空气对人的压力很大,这两个压力的差可达几十千克,正是它将猴子们推向了车轮。

怪呀，正步走带来恶果

在绿叶新村里，住着一群猴子。猴子大王喜欢热闹，每年都要过一次欢乐节。这个欢乐节是一个大型的集体活动，也有开幕式。首先是猴子仪仗队入场；接着，是国王讲话；然后，是猴子们表演；最后，是大家各自寻乐，活动不拘。国王有时还邀请外国嘉宾前来观看。难怪，这个欢乐节热闹非凡。尤其是小猴子们最喜欢这个节日，高兴得乐癫乐癫的。

为了让仪仗队走好步伐，仪仗队队长——络腮猴奉大王的命令，对仪仗队进行几个月的训练。

络腮猴经过认真挑选，在猴子群中挑选出了2000个身体素质好、姿态优美的猴子作为仪仗队员。为了有一个奋斗目标，络腮猴提出了"队伍整齐，步伐有力，动作规范，训练有素"的口号，对仪仗队员严格要求，并进行训练。

有一天，络腮猴刚带领大家操练完毕，就接到上级电话，说是首长要来视察。络腮猴急忙召集队员集合，大家站成方队，看上去，十分整齐，训练有素。

这时，首长已经驾车来到仪仗队面前，对大家说："仪仗队的兄弟们，大家辛苦了！"

"首长辛苦！"仪仗队员齐声喊道。

"仪仗队员兄弟们，今天，我向大家宣布一个振奋人心的消息。还有一个月的时间，就要到欢乐节了，届时，猴子大王要亲自前来视察，与此同时，还要邀请外国的大王参加，这次欢乐节盛况空前，史无前例。希望大家努力训练，勤奋拼搏，以优异的成绩，向大王汇报，展

示我们的风采。对于完成这样一项艰巨的任务,兄弟们有没有信心?"

"有!"仪仗队员异口同声地回答,十分整齐。

首长的莅临督察,极大地激发了仪仗队员训练的热情,它们加大了训练的力度,延长了训练的时间。

终于,大家在刻苦的训练中,迎来了欢乐节。

那天,猴子王国的臣民沉浸在一片欢乐的节日气氛中。猴子仪仗队员穿戴整齐,精神抖擞,在络腮猴子的带领下,走向大道。旁边站着不少猴子王国的公民,不时对仪仗队员发出啧啧的称赞声。

前面是一条河水宽阔的小河。猴子王国的市民站在桥的两头,耐心等待着仪仗队员的到来,目睹仪仗队员的风采。

络腮猴见到那么多的人观察自己,不免在心里暗暗得意。就要过桥了,络腮猴子对着士兵喊道:"正步走!"顿时,仪仗队员迈着整齐的步伐,目不斜视,步伐整齐,威风凛凛,2 000只猴子的队伍显得格外威武壮观。这巍巍的壮观场面,受到了市民的极大关注。观众中不时地响起热烈的掌声。

络腮猴更乐了,他想,如果这次走好,得到大王的嘉奖,说不定自己还要加官晋爵,许多人都会向它抛绣球呢。它脸上不时流露出不易被人们察觉的微笑。

仪仗队员走上了桥,迈着整齐的步伐,继续向前走着,铿锵有力的脚步声,震撼着桥面,即将到达大王的观礼台。就在大家走出大桥时,意外的事情发生了。只听轰隆一声巨响,大桥几乎全部倒塌,2 000个仪仗队员几乎都掉进了河里,嘈杂声、嘶喊声,震耳欲聋……天呐!这里发生了重大的塌桥事故。

唉,早不塌,晚不塌,关键时刻掉链子。

市民们顾不得看欢乐节了,急忙进行抢救!

据统计,死亡人员是336人,伤残更多。

我的妈呀，关键时刻竟出现重大事故，这是怎么回事呀？

物体受到外力的作用下都会发生震动，但每一物体其震动的频率都是固定的。当仪仗队在桥上行进时，整齐步伐的频率接近或等于桥的振动频率时，就会产生振幅急剧增大的现象——"共振"。这座大桥之所以会倒塌，其原因就是共振产生的振幅超过了这座大桥能够承受的最大限度。

所谓的共振，是当人们从外界再给这个物体加上一个振动时，如果振动力的频率与该物体的固有频率正好相同，物体振动的振幅达到最大，这种现象叫作"共振"。发生共振的两个物体，它们的固有频率一定相同或有简单的整数比。

愚蠢的点子

一只红狐生活在海边一个小镇上。它很有经济头脑，它买来10条帆船，做起海上运输的买卖来，当上了大老板。

不过，红狐很有自己的一套理儿：自己既要赚钱，又不上船，以保证自己的安全。虽然，它买来10条船，但它从来没有上过船，是为了以免发生翻船事故。

一天，红狐到海边查看出海情况，它大老远看到很多人围在海边，不知大家是在干什么。它走近一看，原来是船员们围在一起说笑。红狐一看，气不打一处来，马上对它的船员训斥道："哎呀呀，你们怎么还不开船，这每一天都是钱哪！你们不开船，光是一天的人头

费我就得花几千呢。"赚钱是它的最大嗜好,少开一天,它要少赚多少钱呀!这简直是在割它的肉,喝它的血,它心痛啊!

一个工人说:"老板,不是我们不开船,而是没法开船呀。"

"怎么没法开船,开不就是了吗。"红狐不耐烦。

"老板,我们的船是帆船,没有别的动力,无风就开不了船。"一个船员在解释。

是啊,这一点红狐是清楚的。它为了省点钱就买了相对便宜的帆船。帆船是借助风产生动力的。红狐眼睛一转:哦,不就是没有风吗?干脆,天气没有风,可以制造风嘛。于是,就对大家说:"哎呀呀,你们这些笨蛋,怎么不会动脑子,没有怕什么,你们船上不是有电扇吗,把几台大电风扇固定在船尾,然后启动风扇,对着升起的船帆吹风,船不就开了吗?"

船员们一听也有道理,只好按照老板的要求做了起来。可是,不管电扇怎么对着船帆吹风,船就是不能前进。船员感到不解。

红狐看得更傻眼了,急得在船上团团转,不知如何是好。

站在码头看热闹的人,哈哈大笑起来,都说这个老板真愚蠢。

咦,你知道这是怎么回事吗?

 答　案

帆船不走的主要原因是风力来源于同一条船。作用力和反作用力都作用在同一条船上,是不能产生使船前进的动力的。

会有这事吗

几个小朋友围在一起讲故事,讲自己动听的故事,大家都想以自

己的故事来打动小听众。

第一个讲的是小瑞，他说："我爸爸是个飞行员，他的驾驶技术一流。一次，在飞行的时候遇到了大雨天气，电闪雷鸣，暂时失去了与地面的联系。在这种情况下，爸爸以特有的沉着与胆识，凭着感觉继续驾驶飞机。飞机不时出现震动，直到飞出了雷区，才同地面联系上了。飞机上的乘客都为自己的安全捏了一把汗。当飞出雷区时，旅客爆发出了一阵热烈的掌声，都对我爸爸伸出了大拇指。"

小瑞讲完了爸爸的亲身经历后，夏涵马上接上说："我爸爸虽然不是飞行员，但我和爸爸一起坐过飞机。我感觉坐飞机真好，它突出的优点体现为一个字——?"夏涵说到这里不说了，似乎在等待大家的回答。

小谭说："这个字是——爽！"

小慧说："这个字是——悬！"

"哈哈，错了。"夏涵不屑地说，"那是叫快！你们想一想，从青岛到甘肃这么长的距离，才用了×个小时，你们说不体现一个字——快吗！"

小刚站在旁边，仔细听着他们讲的故事，但心里不是滋味，同学们都与飞机有过关系，感觉自己比人矮了一截。他可是个要强的孩子，于是，他想了想，对大家说："我给大家讲一个与飞机有关的故事吧。"

"哦，好呀。"快言快语的夏涵说。

"我叔叔是一个飞行员。"小刚不紧不慢地说，"有一次，我到他家里去，正赶上叔叔执行城市绿化视察任务，叔叔让我开阔一下眼界，就让我一起去了。当时，叔叔开的是一架直升飞机，从我们城市的一个广场起飞。飞机起飞后，升在空中，就一动不动了。也不知过了多久，大约过了四个小时吧，我已经睡着了，当我醒来一看，我的妈呀，飞机下面已经不是我们的城市了，而是离开这个城市很远的一座大

山了。我感到很奇怪,急忙问叔叔,这是怎么回事呀?这是因为飞机在空中没有动,而地球却仍在转。所以,我们居住的城市已经转到别处去了。"

当小刚说完他的故事,几个小朋友哈哈大笑起来。

一个说:"那是吹牛!"

一个说:"哈哈,吹牛也不靠谱儿。"

这时,小刚的脸更红了。大家说小刚是吹牛不靠谱吗?

答 案

> 直升飞机虽然在空中,但仍然没有脱离地球引力的范围。地球自传,直升飞机也同样随着转。这样,直升飞机4小时后仍会在广场的上空。这就是说,小刚并没有坐过直升飞机,也没有他所说的经历,所以说,小刚是在吹牛。

谁先听到歌声

江丰一家生活在距离北京950千米的一座城市里。江丰读小学五年级,她的哥哥读六年级。

放暑假了,妈妈要到北京的姑姑家,江丰也要跟着去,而哥哥因要参加夏令营不能去。就这样,江丰和哥哥道声再见就上路了。

有一天晚上,姑姑买来了3张音乐会的票,姑姑、妈妈和江丰要去听音乐会。江丰最喜欢音乐了,尤其这次音乐会还有江丰崇拜的大家安安参加,这使江丰喜出望外。

江丰知道哥哥也是个音乐迷,晚上去音乐厅之前,她特意给哥哥

打了个电话说,今晚上有大家安安的演唱会,哥哥说没有福气来现场观看了,就只能听收音机了。哥哥对她说:"真是个傻妹妹,这个事儿还用打电话吗,我的消息灵通着呢,我在晚报上早就知道这个消息了。"

"咦,我告诉你还不领情,那我就先听为快了。"江丰回敬哥哥,"古德拜。"

就这样,江丰在北京的一家音乐厅里听音乐,并目睹大歌唱家的风采。哥哥在离北京950千米的家里用收音机听。各自欣赏喜欢的节目。

几天后,江丰同妈妈一起回家了。江丰一进屋就对哥哥说:"我在北京音乐厅里听音乐演唱会,而且距离演员只有40米远,听得清楚极了。你没有这样的感受吧?"

"哈哈,你还认为你先听到了吗?"哥哥大笑后说,"我还是比你先听到的。你连这个都不懂,还听什么音乐会,狗鼻子插大葱——装象,真是滥竽充数,我无知的妹妹。"

"我看你才无知呢。"江丰可不会对哥哥妥协,马上反击。"你不要吃不到葡萄就说葡萄酸好不好,收起狐狸对乌鸦的骗局吧。难道我距离演员40米听的速度,还不及你远在天边950千米听的速度快吗?"

"咦,要不我怎么说你无知呢,无知就在这里。"哥哥半点也不让江丰。

江丰见哥哥这样对待她,很不高兴,急忙找爸爸这棵大树。爸爸说:"你哥哥说得对,他会先听到歌声的。不过,他听到的效果可不如你,你亲临其境受到了音乐的感染,他可以没有你幸运喽。"

哈哈,经爸爸这么一说,江丰的脸才从多云转晴。

不过,她不明白的是哥哥怎么会先听到歌声呢?

咦,这可是一个有学问的问题,你知道其中的道理吗?

是坐在收音机旁的哥哥先听到音乐的。电磁波是光波的一种，所以，其速度和光速一样。其速度是 3×10^8 米/秒。而声音在空气中的传播速度是 340 米/秒。江丰听到声音的时间是：40 米÷340 米/秒；而哥哥听到的声音的时间是：950 千米÷3×10^8 米/秒 =950000 米÷3×10^8 米/秒。其数字远远小于江丰听到的时间，所以，哥哥先听到同一位歌唱家的声音。

是一只古铜碗吗

双休日，晓明完成了作业，就到爸爸工作的废品站玩了。废品站里，各种各样的废品都有，五花八门。爸爸按照废品的不同特点，将不同的废品进行分类。

晓明闲着没事情，就找一些特殊的废品来玩。这里有他喜欢的铜剑、钢刀以及各种各样的小玩具等。他掀开一块废铁板，忽然发现下面有一个小铜碗。他如同发现新大陆一样，急忙拿起铜碗，看上面有不少铜锈，就急忙擦起来。铜碗被他擦拭干净后，显出上面的文字来，他一看，是"公元前五三年造"！他急忙瞪大眼睛再看，哈哈，千真万确，的确是"公元前五三年造"。妈呀，这不是宝贝吗？晓明虽然对考古知识一无所有，但他知道，古物年代越久远，越价值连城。他眼睛一亮，急忙拿着铜碗跑到爸爸那里，向爸爸说："爸爸，我发现了一个宝贝！"

"哈哈，跟我逗是不是？"爸爸微笑着，"看看，我们这里是废品的世界，哪里会有宝贝呀？"爸爸说着，用手指了指废品摊子。

"你看这铜碗。"晓明说着,把铜碗递给了爸爸。"你看这年代这么久远,不是宝贝是什么呀?"

爸爸接过碗后,看了看上面的字,哈哈大笑后说:"唉,我的傻孩子,你上当了。"

晓明这回不解了,明明铜碗上写着"公元前五三年造"的呀,怎么会上当呢?他如坠五里雾中。爸爸见到晓明茫然,就如此这般地一说,晓明豁然开朗,哈哈大笑起来,说:"呵呵,看来什么行业里都有学问呀。"

咦,你知道爸爸是怎么给晓明解释,使晓明茅塞顿开的吗?

♥ 答 案

问题就出在"公元前五三年",当时人们不可能预先知道以后会用公元纪年,因此可以判断,古铜碗上铸的字是后来人伪造的,不是古文物。

现在通行的公元纪年,就是所谓"耶稣出生"之年算起。耶稣出生之年就是公元元年,以前的年份叫公元前某年,从这年起叫公元某年,例如,陈胜吴广起义在公元前209年,淝水之战在公元383年。这种算法以及所谓的"耶稣出生"之年,是6世纪的一个基督修道士狄安尼西提出的。虽然耶稣只是宗教传说中的人物,但是这个纪年标志逐渐在全世界通用。根据公元纪年和中国历史纪年对照换算,公元元年是我国西汉末年时期,因此,西汉及西汉以前的历史年代为公元前的年代,东汉及东汉以后的历史年代为公元后的年代。

中国用公元纪年始于1912年,但主要还是民国纪年,如"民国二十五年"等,1949年新中国成立开始中国全部使用公元纪年。之前的封建社会用的是皇帝纪年如"康熙××年"等。

听故事辨真伪

　　菲菲从小爱读各种各样的图书,所以她的知识面非常广,对同学们提出的问题,她都说出个所以然来。所以,同学们就送给她一个美丽的雅号——"小万事通博士"。

　　菲菲有一个表哥在外交部工作,经常到各国去执行外交任务。菲菲和表哥见面的机会不多。但每一次见面表哥都爱逗比他小很多的表妹。

　　9月初的一天,表哥刚回国就到菲菲家,看望菲菲的妈妈。菲菲中午放学回家,看到跟妈妈有说有笑的表哥,就高兴地调侃道:"大外交官,什么风把你吹来了?"

　　"我不是想念我可爱的小表妹吗!"表哥说完,哈哈笑了起来。

　　"哇!表哥,你怎么把自己晒得这样黑呢?你是刚从那个国家回来的?"菲菲看到表哥黑红黑红的脸,就关心地问道。

　　表哥想和菲菲开个玩笑,也是有意考一考菲菲。就说:"我上个月在智利的圣地亚哥海滨浴场游泳,瞧我晒得多黑。"

　　菲菲听后,大笑着说:"不害羞,不害羞。我表哥这样大岁数了还骗人,你当我是三岁小孩,随便就骗过去了?"

　　"我怎么骗你呀?"表哥感到惊讶,菲菲怎么知道我是骗她的?

　　"你肯定不是从智利圣地亚哥来的。"菲菲胸有成竹地说,"你在开玩笑来考一考我吧?"

　　"咦,我的小表妹进步不小呀?"表哥认真地说,"看来,我是不能再骗你喽。"说完,亲切地在菲菲鼻子上刮了一下。"哈哈,我算佩服你这个'小万事通博士'了。"

随后,从提包了里掏出礼物给菲菲,说:"这是我在智利买的,送给你这个机灵鬼吧。"

"表哥,拿出礼物也不能说明你是去过智利的哦。"菲菲接过礼物说。

哎,你说菲菲说表哥说谎的理由是什么呀?

答 案

智利在南半球,8月是智利的冬季,根本不能在海滨游泳。就此判断表哥的说法是错误的。

地处地中海的智利第7区的气候,在夏季里,倒还是属于温和的炎热;而在冬季时,气候却又是潮湿的。在每年5~8月份期间,是智利的冬季。

巧分麻油和醋

这天,小蓝、小雅、小路等几个同学一起去离学校比较远的敬老院送温暖,帮助老人们打扫卫生,送去他们自己新录制的歌曲,并播放给老人们听。敬老院的爷爷、奶奶们高兴得合不拢嘴,直夸奖他们是好孩子。

可是,当小蓝、小雅、小路等几个同学回来后,已经过了中午开饭时间,学校的食堂关门了。有的同学提议,到街上买几碗炒面吃算了。

小雅就担起来了买炒面的重任。不一会,她就把炒面买回来了。到教室刚放下,大家还没开动呢,只见小雅一拍自己脑门,说道:"不好,我忘买佐料了。"

"唉，你真是个猪脑子。"小路说，"怎么连这个都忘了，我们怎么吃呀？"

"是啊，买点醋就好了。"一个说。

"再加上一点麻油效果会更好。"有人补充。

"干脆，我去买好了。"小蓝说，"让大家吃个痛快。"

"你用什么拿呀，"小路提醒，"我们需要找两只瓶子。"

于是，大家就满教室找起瓶子来，找来找去，只找了一只瓶子。

"缺一只，这怎么办呀？"小雅说。是啊，一只空瓶子装不了两样东西。大家看着桌子上的几碗炒面和一只空瓶子发呆，总不能搞无米之炊吧。

这时，小蓝笑了。小路见到后马上说："看把你美的！简直是幸灾乐祸。"

"错了。"小蓝说，"我是想出了办法。你说我是哭，还是笑呀？"

"得了吧，到现在还有心思开玩笑。我们已经饥肠辘辘了。"小路说，"你们没有听到我们的肚子已经开始咕咕噜噜唱戏了吗？"

"好的。大家稍等，我去去就来。"小蓝说完，拿起一只空瓶子就走了。

不一会儿，小蓝就回来了。大家看他还是手拿一只瓶子，将麻油和醋装到了一起。大家一看，全愣住了，心想，这个马大哈，怎么会这样做，这不，醋和麻油混合在一起了。

"大家看着发呆对不对，不管大家要什么，我都会按照大家的意见给你倒出什么来。"小蓝看到大家怀疑，急忙给个定心丸吃，免得没有吃饭，闹出了什么病来。

小路要看一看小蓝是不是真的能够兑现，来个就地检验真假，急忙说："我要点麻油。"

小蓝二话没说，真的给倒出了麻油。小雅感到倒麻油能够倒出，那倒醋怎么倒？会不会黔驴技穷呢？忙说："我呀，还要点儿醋，酸一

酸牙。"言外之意，要羞一羞小蓝。

只见，小蓝又给小雅用瓶子倒了醋。这倒麻油，倒醋，一点儿也不含糊。

哈哈，同学们长见识了。不佩服不行啊！

想一想，小蓝是用什么方法倒的呀？

 答案

麻油的密度比醋小，会浮在醋的表面，两者不会混杂。小蓝倒麻油时，将瓶子稍稍倾斜一些，油就出来了。倒醋时，先把瓶塞塞进，让瓶子倒立过来，然后轻轻移开瓶塞，露出一点空隙，醋也就倒了出来。这里主要根据麻油和醋密度不同，又不互相溶解的原理。

半夜里会有彩霞吗

阿珍是一个聪明活泼的孩子，她天天快乐得如同一只小鸟。她经常对妈妈说："生活真好。生活真幸福。"

然而，天有不测风云，人有旦夕祸福。在阿珍 9 岁那年，不幸患病导致下肢瘫痪，只好天天坐在轮椅上度日。这从天堂的日子里一下子落到地狱般的生活，反差太大，阿珍怎么也转不过弯来，天天情绪低落。妈妈看在眼里，急在心上。天天伴陪着她。给她讲张海迪的故事，讲保尔·柯察金的故事，讲海伦·凯勒的故事。用残疾人顽强不息的精神来鼓舞她，打动她，让她懂得人生的真谛。同时，她以前的许多同学为了让她上学，还天天推着双轮车和她一起上学，起初，阿珍自卑，不愿意给同学们添麻

烦,不上学。阿珍经老师、同学、家长的苦口婆心地劝导,终于治好了心灵的创伤,被同学们愉快地推着上学了。这次人生的变化,给了她极大的教育,对人生的真谛有着焕然一新的看法和领悟。

于是,阿珍也常常用自己的实际遭遇,来说服教育和她一样因失去健康而想要自杀或厌世的少年朋友,鼓励他们振作起来,重新面对人生。

一天,阿珍从《少年报》上看到,像她这种遭遇的儿童,在世界上有千千万万。于是,她就想,不光要帮助自己熟悉的朋友,还要帮助很远的外国小朋友,让他们及早走出人生的阴影。

在这种思想的支配下,她就开始写信,鼓励他们要有坚定信念(这一点很重要),同时要有克服困难的毅力和勇气。要付出比常人高几倍的努力,才能成功。只要大家坚定不移地付出,就一定会有收获。要坚信付出与收获是成正比例的,并且还将自己的亲身体会告诉大家。这样,以自己的感受来说服对方,这会更有说服力,产生了很好的教育效果。难怪,阿珍有许多外国的朋友,经常收到外国朋友的来信。

阿珍还有本班最要好的两个好同学,一个叫王海,一个叫江民。他俩有时间就来陪阿珍,怕她寂寞,放学还一起做作业。他们有时还帮助阿珍给外国或外地的小朋友回信。

6月下旬的一天,阿珍收到了不少外国小朋友的来信。王海说:"阿珍,你给我们读一读外国小朋友的来信吧,看他们是怎么说的。"

阿珍马上答应说:"好的。你们仔细听。"

"亲爱的珍,我是在挪威北部的一座城市里给你写信,现在我的心情特别好,如同现在的天空一样美好。现在是午夜12点钟,天空中布满了美丽的彩霞……"

阿珍刚读到这里,王海和江民几乎同时喊起来:"哈哈,错了,半夜里哪里还有彩霞呀?是不是那位小朋友写错了?"

"没有呀。"阿珍解释。

"哇,外国的小朋友怎么这样会忽悠人,是不是刚写文章,照着哪

儿生吞活剥搬来了几句话呀?"江民说。

"是啊,要不怎么会出现这样文不对题的句子?"王海说出自己反驳的理由。

"哈哈,你们俩都错了。"阿珍笑着说,"你们怎么连这个都不懂呀?"

咦,你知道阿珍说的道理吗?

答 案

挪威的小朋友没有写错。因为挪威的北部在北极圈内。夏天里有一些天,太阳不落在地平线下面,叫作"白夜"。在挪威的夏天,没有黑夜,可以看到午夜的太阳以及美丽的北极光。

在北极地区,天空经常被绚丽的绿色、紫色和金色反射光照亮。这些就是北方的极光(北极光)。这是因为大气层受到太阳发射出的带电粒子的冲击而引起大规模放电所造成的。

两个雪人,谁先化

星期六的晚上,下了一场大雪。大雪把地面盖得严严实实,整个大地是白雪皑皑的世界。

第二天,春晖和陈皓吃完了饭,就在大街上开始了他们的扫雪活动。一会儿,他俩就扫出了一大片街面,堆起了两大堆雪。

因是入冬以来第一场大雪,他们欢天喜地,在雪地上跑来跑去,不时听着踏雪的咯吱、咯吱的声音。

"我看我们扫的这些雪,足够堆成两个雪人的。我们开始堆吧?"

春晖建议。

"哈哈！我们这叫物尽其用，或者叫一举两得。"陈皓附和着，"我们看谁堆的雪人又快又好。"

"好的！"春晖马上响应。两人就动手堆起雪人来。

春晖和陈皓一会儿用铁锨，一会儿用双手拍，干得不亦乐乎。随着时间的推移，雪堆在不断增大。

不一会儿，雪人堆好了。两人评头品足，高兴得跳了起来。

太阳出来了，阳光照射到了雪人上。

"太阳这样照射，雪人会早早晒化了吧？"春晖说，于是，他急忙铲了一些灰土盖在雪人身上。

"我不盖雪人才会化得慢一些。"陈皓坚持着。

哈哈，两个人的观点迥然不同，真是两个人买不上一个锄头来。到底是春晖说的对，还是陈皓说得有理呀？

这就看你的啦！请你当一下裁判，给判断一下。

答案

春晖的雪人化得快，陈皓的雪人化得慢。

春晖用灰土盖住了雪人后，雪人的颜色变深了，容易吸收太阳的热量，雪就化得快。白雪人容易反射阳光，吸收的热量少，就化得较慢。

我们有这样的经验，下雪天，如果雪上如果倒上煤灰等垃圾，就会化得快些，也是这个道理。

辨别谁说的对

一场大雨来了，雨点劈劈啪啪地敲打着玻璃窗，玻璃上立刻聚集

起了无数大大小小的水珠。雨点落到池水中,在水面上画出了一个一个音符,这些音符是雨点在水面上击出的圈。

大雨过后,鸽子、麻雀和海鸥意外碰到了一起,就开始议论起了这场大雨来。

鸽子说:"今天可算是东风劲吹,下雨时,主人正带着我坐在向东开的汽车上,雨像瓢泼似的迎着车头斜打过来,又猛又急。我现在想起来还有点害怕哩!"

麻雀听了以后,歪着头想了想说:"不对呀,那时候我正在窝里,看到对面墙上的芦苇梢头朝东北方向弯下,看来,下雨时刮的是西南风。"

海鸥是个急性子,听了鸽子和麻雀的话后,急忙说:"错了,错了。你们都弄错了!刮的是北风。因为当时我正向北飞,迎面开来一条船,船上的旗帜是向后面飘的。"

鸽子很自信地说:"我怎么会错呢,要知道,我是亲自观察的。不会有半点差错的。"

麻雀也急忙申辩:"我更不会错,我蹲在窝里,可是瞪大两只眼睛认真观察的。不会有错的。"

海鸥唯恐它们听不见,大声说:"我可是亲自体验的呀,有着亲身感受,这怎么会错呢?"

就这样,鸽子说鸽子的理;麻雀说麻雀的理;海鸥说海鸥的理。于是,它们三个就争论了起来。

咦,光争论没有用的。有理也不在声高。这到底谁对呢?

请你给它们判断一下到底谁对谁错?

♥ 答 案

麻雀说的对。车、船有动力,在行驶过程中,由于前进的速度,能够改变雨的方向。唯独麻雀在窝里,它看到的情况不受其他条件的影响,所以麻雀说的是正确的。

测不出的力量

小海和大海是一对好朋友，因为他们有着一个共同的爱好，就是体育运动。

他们每天早晨都要晨练，先在树林下跑步，然后在大树下高谈阔论，谈论的都是昨天有关的体育新闻。

有一天，他们俩在一起练哑铃，累了，就坐在地上休息。正在这时，班长来找他们，说："我们明天要去敬老院那里搞卫生，我已经到那里观察了一下，发现那里有一大堆砖头，还有一个旧磨盘，需要搬走，这个工作不但累，还需要大力气的同学来干。"

"哦，那我们去好了。"小海和大海几乎异口同声地说。

"不行的。老班说只能要一个大力士去。"班长传达班主任的话。

当班长说完后，小海说："我去吧，我的劲儿比你的大。"

大海说："应该我去，我的劲比你的大。"

这会儿热闹了，小海说他的劲大，大海说他的劲大。两人各不相让。

最后，班长说话了："你们都争着去挑重担，这很好，很值得全班同学学习。可只能去一个。这样吧，你们不妨比试一下谁的力气大。怎么样？"

"对呀，这个方法不错。"小海和大海几乎同时说道。

怎么比呢？大家都在思考这个问题。

"哈哈，有了。"班长高兴的说完就跑。

有什么办法呢？小海和大海感到很迷惑。

不一会儿，班长借了手拉弹簧秤回来。把它们勾挂着一起，说："你们俩各自用一只手用力拉住弹簧秤，看哪一方的弹簧秤的读数大,谁的劲就大。"

小海和大海马上进入状态,如同在拔河。他们都在用尽全力展示自己的力气。哈哈,结果,虽然它们使了九牛二虎之力,拉了半天,弹簧秤上始终没有显出谁的力气大来。

怪呀,这是怎么回事,你知道其中的道理吗?

答 案

> 无论哪一方劲大,两个弹簧秤上的读数总是相等的,取胜的一方也不会比失败的那一方读数大。因此,在两个弹簧秤上是比不出那一方的劲大,那一方劲小的。
>
> 如果甲同学不用力,只让乙同学用力拉,这时候两个弹簧秤的读数也仍然是相等的。如果用一根绳子把弹簧秤的一头拴在墙上,你会发现墙也在用同样大的力拉你。这是一对作用力和反作用力,两个力的大小相等,方向相反。

哦,手真的不怕油烫

一天,于大妈 5 岁的孙子身体发烧,不时说胡话。这可吓坏了于大妈,她平时就迷信,就急忙跑到神婆李仙姑家,请李仙姑帮忙。

李仙姑听后,说:"你家的孙子是被一个厉鬼缠住了身,必须赶快驱赶。"李仙姑带上家什,跟着于大妈到了家里。李仙姑一到,嘴里就振振有词,发出了一种吓人的语调。她忙活了一阵后,对于大妈说:"你家来了一个穷鬼被我驱赶在墙角,我要把这个厉鬼给油炸了,免得你家的孙子今后还要被缠住。"

于大妈听了,一百个点头。

李仙姑拿着一个小铁锅放到了煤气罩上,向锅里倒了一些油,就给油加热。不一会儿,锅里的油就翻滚了起来。

这时,李仙姑用烧纸在墙角包了包,说:"我把厉鬼给捉住了,我现在要用油炸厉鬼,看它还敢不敢来犯你的孙子。"说着,就把一包烧纸用手握着连手带纸同时放到了油锅里。

"仙姑,你不怕被油烫伤吗?"于大妈感到危险。

"我为了你的孙子顾不上这些了。"仙姑满脸认真、一副舍生取义的样子,还用手在油锅里翻动着,一点也不在乎。

李仙姑忙活了一阵,煞有介事地说:"于大妈,我为你的孙子忙活了大半天,这会就要看你的了,你的孙子不几天就会好了。"言外之意,要于大妈付费了。

于大妈见仙姑竟不顾油烫,这么忙活了一阵,心想,要很好地感谢一下李仙姑。于是,她拿出了几十元的钞票,双手送给了李仙姑。李仙姑拿到钱马上走人。

过了一段时间,于大妈的孙子还在发烧,体温就是降不下来。

无奈的于大妈,看孙子还在发烧,害怕极了,急忙跑到村里的卫生室找医生,医生一测体温,是 39.5℃。"我要给他打一针把体温降下来,否则时间长了就很危险。"在医生的抢救下,于大妈的孙子终于化险为夷。

透过李仙姑油炸厉鬼的伎俩,你能用科学的道理来解开这骗局吗?

♥ 答 案

这里的油根本不是真正的油,油的沸点温度是 200℃～300℃,把手放在油里,手就会被严重烫伤。当然,李仙姑没有那么大的能耐。李仙姑的锅里放的是油和醋的混合物,醋的密度比油的密度大,醋就会沉到锅底。醋的沸点是 60℃左右,并不会对人造成什么危害。当醋的温度达到沸点后,油浮在醋的上面,就会翻滚不已,看上去如同油在锅里开了似的。

哈哈,这个神秘的地方

中国是世界上的一个大国,人口多,地域广,历史悠久,而且也是一个很有趣的国家。这怎么说呢?就是在同样一个季节里,有的地方已经进入冰天雪地,有的地方却是春暖花开。你说这没有趣吗?

小芽在一节班级故事会上,就说了一个奇怪的地方发生的奇怪现象。

小芽说:"我给大家说一个奇怪的地方,这个地方有趣极了,希望大家能够喜欢。"

哦,什么奇怪的故事,还来吊大家的胃口呀!

只听小芽说:"我说是这个奇怪的地方,盛产水果,这里盛产的各种葡萄、西瓜等水果特别甜,那个甜劲儿就甭提了。"

大家一听说特别甜的水果,哈哈,张小哈竟流出来了一尺长的口水。

小芽借题发挥:"张小哈没有叫你吃,流什么口水?"

哈哈,张小哈急忙用手摸了一下口水。一听到吃西瓜,自己就会情不自禁地流口水,这是老习惯了,不让它流都难。

小芽言归正传,继续说:"有一年,全国各个地方都十分干旱,都在盼着下雨,因为全国有一个多月没有下雨了。这不下雨还了得,地里的庄稼都耷拉着头萎蔫起来,地里还干得裂开了口子。这旱情十分严重。老天啊,你怎么不下雨呢?但是,天天火辣辣的太阳照着,天上一点云彩也没有,更谈不上下雨。人们祈祷着,念叨着早一天下雨。

可是,那个神奇的地方的人却盼着火辣辣的太阳出来。

每当火辣辣的太阳一出来,这儿的人却说:'这下可好了,这下可

好了!'

来这里旅游的人感到奇怪呀,怎么在干旱的天里,还盼望着出火辣辣的太阳呢? 不可思议,不可思议啊!

后来,当地人几经解释,哈哈,旅客这才明白过来,不同的地理风情,不同的地理环境,对太阳的需求也不太一样。

好了,言归正传,大家猜一猜,我说的这个地方是指哪里? 这里的葡萄、西瓜为什么特别的甜?"

呱呱呱,大家响起了热烈的掌声。

于是,大家积极发言。

哦,现在要考一考你,你说这个神奇的地方是指哪里吗? 这里的葡萄、西瓜为什么特别甜?

 答 案

我国新疆的南疆地区,因为那里紧靠积雪高山,只有炎热的太阳才能把高山上的积雪融化,这个地方才能有水灌溉农田。

新疆的葡萄、西瓜以及哈密瓜等水果特别甜。这是因为新疆气候干燥,日照时间较长,植物能进行充分的光合作用,积累的有机物多;而在夜间温度降低,呼吸作用降低,减少了植物因呼吸作用消耗过多的有机物,这就是说新疆的水果,因昼夜温差大,积累的有机物多,就使这里的水果就特别甜。

撕不出三片的纸

五年级二班在星期五下午举行了一场别开生面的文艺班会。班会上,老师要求大家每人都表演一个节目:唱歌、口技、猜谜语都行,形式不拘。

班会热闹极了,有的同学唱上一支上一节课学的歌儿;有的同学模拟鸟叫;有的同学来上了一段健身迪斯科;还有同学两个人搭档,演了一段小品。真是五花八门,丰富多彩。

不知不觉,班上有 2/3 的同学表演完了。小虎刚表演完单口相声,全班同学立即响起了呱呱呱的掌声。下面,临到了许飞给大家表演了。他从容不迫地走上讲台,对大家说:"我给大家准备了一道智力思考题。谁要是答对了,我将奖励一块巧克力;答错了,要求他表演一个节目,好不好?"

"好的!"同学们马上响应。有些已经表演的同学还感到没有尽兴,想再表演,但时间不允许他们表演两个节目,趁这次机会,可以再展示一番。难怪大家声音特别洪亮,哈哈,原来都有着不同的目的。

接着,许飞对大家说:"先在一张纸上撕好两道长度相等的口子,然后用两手捏住这纸的两端,慢慢向两边拉动,直到把这纸撕开。但是不要求大家实际操作,只允许动脑子想一想,然后回答。最后,将纸撕的结果是——两片,还是三片?"

咦,可热闹了。许多同学都答错了。于是,许飞兴致勃勃地给大家又表演了一个节目。没有回答过的同学紧急动员脑细胞,在思考着……

欢迎大家的参与,请你想一想,这张纸将被撕成两片,还是三片呀?

纸会被撕成两片。不管两手怎么拉,给两边裂口所加的力总是不相等的,加力的一边先被撕开,结果只能是两片。

哪一只杯子重

上周的活动课上,科学老师布置了一个任务,要大家课后认真准备,设计一个实验,在这周的活动课上展示给大家,而且可以随设计的需要利用学校的实验器材。大家根据每个同学的设计和操作情况,进行评价,优秀的加以鼓励。大家听后,纷纷动手,有的翻书,有的到图书室借书参考,有的同学干脆上网查资料。大家忙得不亦乐乎,都想使自己所做的实验别具一格,独出心裁哦。是啊,大家喜欢这样的探究课,它是同学们最喜欢的课堂。

这不,同学们自己动手,在课堂上开始表演啦!

真是:八仙过海,各显神通。

同学们在逐个展示自己的设计实验,都想给同学们带来一个惊喜。

……

临到赵锋给大家表演了。他说:"我这里有一架天平,有两只完全相同的烧杯,都装满了水。在一只杯子的水面上漂浮着一块冰,并处于平衡状态,请大家看好。"

同学们认真地看着。确实是这样,一只杯子里还漂浮着厚厚的一块冰哩!水面正好和杯子边缘平齐。

"我要把两个烧杯分别放在天平的两端,大家说会出现什么情况呀?"赵锋学着教师的样子循循善诱。

同学们的兴趣被赵锋激发起来,顿时热烈地讨论起来。

有的说:"有冰的这一只杯子比较重,因为它多了一块冰,天平应该向有冰的这只烧杯偏。"

还有的说:"没有冰的杯子重,因为这只杯子多了一部分水。"

......

 "好！大家各抒己见，有着不同的意见。"赵锋要收场了，"现在，我就把两只烧杯同时放在天平上，大家注意观察喽！看到底是什么结果？还有，当冰块融化后，水杯里的水是否会溢出呀？"

 这一连串的问题，你预测一下会怎样？

答案

 漂浮在水面上的冰块，重量等于浮力，冰块受到的浮力，根据阿基米德定律，等于排开液体的重量。因此，应该是一样重的。当冰化了之后，水杯里的水并不会溢出来。

奇怪的火灾

 这是一个炎热的夏天。太阳像一个大火盆一样，扣在大地上，让人们热得喘不过气来。人们都躲到家里避暑，开着风扇，吹着空调。

 这一天的中午，外面一个人也没有，小虎的姐姐在家中休息，空气十分干燥，四周静悄悄的。只有知了在树上知了、知了地叫着。狗在树荫下伸出舌头直喘气。

 突然，听到外边有人叫喊起来："失火啦！失火啦！"

 姐姐听到这个喊声马上起来，仔细一听，声音是从自己厂子发出来的。她急忙向厂子跑去。小虎见到姐姐跑出去急忙跟了上去，是为了保护姐姐。当姐弟俩跑到厂子后一看，是姐姐工厂后院失火了。火势很大，浓烟滚滚。不一会儿，消防车像风一样冲了进来。

 消防队忙活了半个小时后，大火终于被扑灭了。这时，人们才发

现，原来是工厂后院里一大堆煤和一大堆油丝棉着火了。

大火扑灭后，警察着手调查火灾的原因。当调查传达室的工作人员时，工作人员说："在起火之前，没有人到来，也没有一个人留在厂子里。"

"哦，这么说在厂子起火之前，没有人来过。"一个警察说。

警察又调查了工厂的治安人员，也没有发现可疑的人。同时，连警犬也出动了，但是还没有找到线索。怪呀，这是怎么回事呀？

小虎的姐姐是大学化学系毕业的。当她知道警察还没有查出失火的原因，她感到好奇怪。就围绕着火灾现场转了一转，发现了被火烧毁的煤堆和油丝棉堆，然后，对跟在身边的小虎说："我发现了起火的秘密。"于是，小虎的姐姐走到警察的面前，说明了原因。警察感到恍然大悟地说："哦，我明白了！这是自燃。"

小虎跟在姐姐身边问："什么是自燃呀？"

姐姐就如此这般地给讲了起来。

你知道自燃的秘密吗？

答 案

自燃现象，是指可燃物质不断氧化，积蓄热量，当温度散发不出去时，会越积越多，当温度达到物质的着火点时，就会自动燃烧起来。当时，空气十分干燥，煤堆和油丝棉堆里积蓄着大量的热量，难以散发。在高温状态下，它们就自动燃烧了。

不发芽的原因

燕燕是一个好孩子，不仅学习不用妈妈操心，而且很懂事，做完

作业还帮助妈妈做一些力所能及的家务。

燕燕的爸爸是边防军人，长年不回来，燕燕的妈妈便承担起了全部的家庭重担，忙的时候连饭都顾不上吃。由于长期操劳，妈妈越来越瘦，身体健康情况也越来越差。燕燕看在眼里，急在心头。

有一天，她看到一本科学杂志，其中有一篇文章是介绍了大豆的作用，说大豆含有人体所需要的营养成分蛋白质，多吃豆制品可以使人长寿。燕燕就突发奇想，自己做豆芽，给妈妈吃，让妈妈身体健康起来。

一天放学，燕燕找出一些大豆，按照书本的介绍，把黄豆洗了放到盆里，用水泡上。她为了让黄豆快点发芽，还特意放了好多水，然后在上面盖了一块湿布，并且把盆子端到暖气上。她想，黄豆有了水，有了温暖的环境，会很快发芽的。

第二天，燕燕解开湿布，看到黄豆一个个包鼓鼓都胀大了，很高兴，看来发芽在即了。然后燕燕将黄豆重新盖好，放好，继续等待。

可是，一周过去了，当燕燕拿起湿布一看，惊叫起来："我的妈呀，怎么都变味了呢？"燕燕一急，差点哭出来，她怎么想也想不明白，黄豆怎么就坏了呢？

你有这方面的经验吗？不妨为燕燕找一找原因吧。

 答 案

豆芽发芽需要充足的水分，适宜温度和足够的氧气。有些植物对光照也有一定的要求。把黄豆全部浸泡在水里，淹没了，得不到空气，黄豆无法呼吸，不久就会死亡。再加上微生物的作用，黄豆就会逐渐腐烂。

专咬老爸的蚊子

炎热的夏天,蚊子多了起来,无论怎么防备,这些讨厌的蚊子,总会偷袭成功。被蚊子叮咬后,皮肤上起个小红包,奇痒难忍,让人十分恼火。

在班级里,许多同学围在一起,不知是在谈论什么问题。王翰过去问其原因,班级里的王哈哈随口说道:"春眠不觉晓,处处蚊子咬。夜里没盖被,大包真不少。"哈哈,原来,大家是在谈论被蚊子咬的问题。王哈哈指着脚踝部说:"看到吧,这是我昨天晚上写作业太投入了,结果被蚊子叮上了。你看这里的红包,就是见证。"

说起蚊子,王翰可有话题啦。他和妈妈在家里没有被蚊子咬,爸爸似乎是蚊子攻击的对象,不少的蚊子专门围着爸爸转来转去,似乎爸爸是蚊子的中心。这是怎么回事,他决心对这个问题观察一番。

原来,王翰的爸爸喜欢喝酒,这天黄昏,爸爸又在家里喝酒。全家都围在桌子上吃晚饭。过了一会儿,飞来几只蚊子,嗡嗡地叫着。可是,这几只蚊子非常奇怪,哪儿也不去,专门绕着爸爸身边转。王翰打趣地说:"爸爸,你好大的干部喽,有专门护卫你的蚊子在值勤呢。"

爸爸喝了点小酒,也感到兴奋,说:"是啊,人混到好的时候,你不要保镖都不行。你看,这不都自动上门来,当义务勤务兵。"

说笑间,蚊子开始进攻了,王翰笑着说:"哈哈,咱家的蚊子是爸爸养的,专门咬爸爸。"

妈妈和姐姐听到这些对话,都感到好笑。

不过,这些蚊子为什么专门咬爸爸呀?

对蚊子来说，人体排出的二氧化碳、汗液都是引导它找到猎物的有效信息。它寻找目标主要依靠嗅觉器官，也就是头上一对角，来感知空气中传来的人体"信息"，并循迹而去。爸爸饮酒后，血液中酒精的成分增加，酒精分解，发生大量的二氧化碳和热量，由于热量增加，红外线辐射也增加了，所以吸引了雌蚊，自然容易被蚊子锁定目标。

在一个群体中，肺活量大的人、胖人、呼吸沉重的人更容易被蚊子叮咬，孕妇因新陈代谢活跃，呼出的二氧化碳也较高。

人体排出的汗液在空气中挥发，也能向蚊子发出"信号"。通常汗量多、易出汗的人受蚊子攻击的机会更大。这足以解释为何我们常在运动后，发现身上神不知鬼不觉地多出了几个大"红包"。蚊子爱叮咬皮肤粗糙、毛孔粗大的人，通常是因为这类人往往汗腺发达或者排出的汗液等分泌物较多。因此，有时男人比女人、青年比老人更招蚊子。

不怕点燃的手帕

"本人献丑了。"大刚手拿着新手帕，"我给大家表演一个烧不坏的手帕。"

"哈哈，开什么玩笑，手帕怎么会烧不坏呀?"一个观众不信。

"当然，一块普通的手帕是怕火烧的。"大刚侃侃而谈，"不过，我要给这手帕念上咒语，才管用呢!"

"哈哈，稀奇，你还会唸咒语，真有意思?"王力露出了怀疑的

态度。

"喂！这叫会看的看门道，不会看的看热闹。"大刚说着就做起来，他用镊子从一个"水杯"中夹起一块浸透"水"的手帕。"我能让这带水的手帕燃烧，而且还烧不坏手帕。大家相信吗？"

"水能燃烧吗？"有个小朋友提出了疑问。

"燃烧能烧不坏手帕吗？"

"眼见为实，大家看一看不就知道了吗？"大刚微笑着解释，"我这就给手帕念咒语：手帕手帕，见火不怕；火烧手帕，手帕不着。"大刚在念咒语的时候，竟双目紧闭，煞有介事。说完，他用打火机点火，手帕马上燃烧起来，不一会儿，火自然熄灭了。接着，大刚抖开手帕，说："大家看一看，手帕是不是完好无损呀？"

"哇！手帕完好无损。"检查的小朋友大为惊讶，觉得十分神秘。

"手帕怎么燃烧而烧不坏呢？"有个小朋友好奇地问。

这个问题问得好，你能揭开这个魔术的秘密吗？

 答案

　　燃烧过的手帕是湿的。是事先把手帕用水浸透，再拧几下，但不能太干；取一只玻璃杯倒入一些高浓度的酒精或度数高的白酒，把手帕放在里面浸一下拿出，再用火点燃。这样，手帕上的酒精就燃烧起来，因酒精的燃点低，同时，酒精燃烧时放出的热量会被手帕上的水吸收，使温度不高，所以手帕就不会被燃烧。只要注意观察就会发现，手帕燃烧时，发出的火焰是淡蓝色的，这正是酒精燃烧所产生的火焰。

蝙蝠的秘密武器失灵了

　　猫头鹰和蝙蝠是一对好朋友,不过他俩都是夜间出来活动,所以见面的机会很少。可巧,这一天在树林里遇上了,就亲热地聊起来。

　　"猫头鹰大哥,你真了不起,一个夏天可捕捉不少田鼠吧?"蝙蝠说,"也够辛苦的啦!"

　　"是啊,田鼠是我们家族很好的食物,"猫头鹰说,"为了生活,一个夏天,我要捕捉上千只田鼠。辛苦同你一样,不辛苦哪来的食物?"

　　"啊唷唷! 这一千只田鼠一个夏天要偷吃多少粮食呀,"蝙蝠惊奇地说,"你真是一个了不起的灭鼠英雄。"

　　"英雄不敢当,"猫头鹰谦虚地说,"为人类保护粮食是没有说的。一只猫头鹰在一个夏天能够为人类保护近一吨的粮食。"

　　"你每天晚上,飞来飞去,吃掉了那么多蚊子、蛾子、小害虫。"猫头鹰转变了话题,"你对于人类的功劳也是很大的。"

　　"是啊,不过人们有时也误解我。"蝙蝠感慨地说,"他们说我是老鼠变的,因头部有点像老鼠。难道像就是老鼠变的吗?"

　　"是啊,有时是误解,"猫头鹰说,"这也很正常的。我不是被误解成'凶煞神'吗? 人们嫌我的叫声不好,说什么听到我的叫声会死人的。人们不能按照自己的标准去判断对方,可我们也有自己适应环境的权利。"

　　"对呀,不管别人怎么评判自己,只要自己没有做错,什么都不怕。"蝙蝠深有同感地说,"还有,我最近被小夜蛾捉弄了一阵。真有点不甘心。"

　　"怎么捉弄你,一口把它吃掉算了。"猫头鹰发表了自己的忠告。

"不好捉呀!"蝙蝠说,"你应该知道,我的视力很差,捉虫子的时候,靠的是超声波探测前方的猎物。"

"哦,挺新鲜。"猫头鹰说,"虽然我们是好朋友,但平日里缺乏交流,我还真不知道你这与众不同的本领哩。"

"是这样的。"蝙蝠在解释,"我的喉咙里会发出一种频率高于2万赫兹的超声波。人类对这种频率只能是望尘莫及,因为人类的听力范围有限,只能听到频率在16到2万赫兹的范围内。不过,我的超声波遇到障碍物反射回来之后,我可以听得见。如果超声波碰到蚊子、夜蛾,我会根据回声立刻决定扑过去,把它们捉住。"

"哦,了不起,你有这样神奇的超声波,还害怕夜蛾逃跑?"猫头鹰给蝙蝠打气。

"有一回发生了意外。"蝙蝠回忆着,"我根据发出的超声判断出前面有一只夜蛾,当我飞过去一看,嗨!竟是一只死蛾。我呕,我呕!死蛾我是不吃的,就飞开了。可是,我哪里想到它是在装死,待我飞开后,它竟飞走了。郁闷。"

"它刚飞也飞不远的,"猫头鹰忙说,"赶紧用你的超声波搜捕呀!"

"当时,我也这么想。"蝙蝠认真地说,"立刻向四周再次发出超声波搜索,可是奇怪的事情发生了,我竟搜不到反射回来的声音。"

"哦,这么说你的超声波失灵了?"猫头鹰也内行了起来。

"是啊,我失灵了。"蝙蝠悔恨地说,"这只夜蛾肯定没有飞远,欺负我近视,跟我玩捉迷藏,活活气煞本人。"

"哦,夜蛾怎么会有这样一套本领呢?"猫头鹰似乎在自言自语。

"是啊,大自然中每一种生物都有适应环境的本领,否则,这种生物就会被大自然淘汰。"蝙蝠道出了真情。

哈哈,说得好。

现在,要考一考你。请你回答如下问题。

问题一:你知道什么是蝙蝠的超声波吗?

问题二：夜蛾是怎么对付蝙蝠的超声波的？

答　案

问题一：蝙蝠在夜间飞行不是靠眼睛看路的，而是靠耳朵和发音器官"看路"的。蝙蝠在飞行时，在喉部声带会发出一种尖叫声，这是一种超声波，是人类无法听到的，因为它的音频很高。这些超声波的信号若在飞行路线上碰到其他物体，就会立刻反射回来，蝙蝠再用耳朵接收到返回的信息之后，它会在振翅飞翔之间，就完成了听、看、计算与绕开障碍物的全部过程。科学家把这种现象叫作回声定位。人类根据蝙蝠飞行识物的原理，制造出了雷达。但蝙蝠身上"仪器"的精确度比雷达要高得多。

问题二：夜蛾身体上有鳞片结构。这种鳞片结构很松散并且有很大的表面积，这样超声波有很大一部分就会被鳞片吸收掉，反射回来的就很微弱，蝙蝠收集不到足够的信息，从而失去捕食的机会。

科研人员在果园周围设置特殊的超声波发声装置，模仿夜蛾类害虫的天敌——蝙蝠所发出的超声波来防止害虫的入侵。目前，这种方法已经进入了实用化阶段，研究人员将根据实验效果对该装置进行逐步的改良，以便作为将来防治夜蛾类害虫的主要方式之一。

呼吸的氧气哪里来

佳佳的爸爸是个潜水员，每次外出回家，都会给佳佳讲他潜水的奇闻怪事，每一次佳佳都听得入迷。

这次，爸爸回来后，佳佳又要爸爸讲潜水的故事。爸爸微笑着

说：“哈哈，佳佳，这次你差一点就没有爸爸。”

佳佳一听感到很奇怪，急忙问：“爸爸，这是怎么回事呀？”

爸爸一边喝水，一边回忆当时的情景，说：“我当时接到任务去深海探查，在快要结束时，发现海底处有一件非常奇怪的东西，我就对它观察了一会儿，结果时间不长，发现氧气瓶里的氧气被用完了。”

“那还不快上来呀？”佳佳对爸爸急切地说。

“我当时想，这个东西可能对我们国家有用。”爸爸严肃地说，“这是一个重大的发现，如果急忙游上来，到时候这个东西可能被海底的潜流冲走，那对国家的损失可不小。那个时候，我管不了那么多了，我憋了一口气，直到把那东西固定在海底，才升到水面上来。当时，我几乎昏了过去。幸亏同志们搭救及时。”

佳佳喘了一口气，说：“爸爸，看你平日里不算怎么刚强，但到了关键时刻，还真是条汉子呀。我为有你这样的爸爸感到骄傲。”她说完，亲昵地拉着爸爸的胳臂。

“这不，单位还给我颁发了锦旗呢。”爸爸说完，从一个新书包里拿出了一面锦旗。

佳佳看着崭新的锦旗，看了又看，她知道这是爸爸几乎用生命换来的，这真是来之不易呀！鲜艳的锦旗，也映红了她的心，她想，爸爸这样操劳着，为了家庭，为了国家，在关键时刻几乎把命搭上都在所不辞，自己在学习上，还有什么会比这样的困难还大呀？为此她暗暗下定决心，一定要以爸爸为榜样，在学校里把学习搞上去。

随后，佳佳产生了这样一个问题：这氧气哪里来？人生存需要氧气，动物生存也需要氧气，氧气会不会被用完呀？如果有一天氧气被用完了，那还不被憋死才怪哩，哇！这怎么能行呀？我还很年轻呢，还需要享受生命，享受快乐的呀！

是啊，作为小学生，佳佳会提出这样一个问题，应该是思考的比较深入，比较有见地。不过，佳佳还不能解答这个问题，就到班里问

学习委员。学习委员也说这个问题问得好,不过,怎么回答她也说不清楚。

唉,发现一个问题比解决一个问题更重要。你帮助佳佳解答一下好吗?

 答 案

有人计算过,地球上的氧气如果得不到补充,500年以后就会用完了。但从古至今,地球上氧气总是占空气总体积的20%左右,二氧化碳体积占0.03%左右。怪怪,这个比例变化不大。这是这么回事呀?

呵呵,这是绿色植物的功劳。绿色植物在有光的条件下,吸收二氧化碳,放出氧气,这是植物的光合作用。与此同时,植物还要进行呼吸作用,吸收氧气,并产生二氧化碳。呼吸作用对植物来说,十分重要。其能量可供植物的各种生理活动的需要,如植物的生长,物质的运输,光合作用合成有机物等都需要能量。

正由于光合作用和呼吸作用的存在,才使大自然中的二氧化碳和氧气处于平衡状态,这就是我们所说的碳—氧平衡。可以想象,如果没有光合作用和呼吸作用的存在,空气中的氧气和二氧化碳就难以平衡,人类和动物就难以生存。可见,绿色植物对我们的生存十分重要。

植物的光合作用和呼吸作用是一种完美的结合,互为因果。它蕴含着一种合作之美,是一种生命的奇迹。据科学家估计,每公顷森林每天可以吸收约一吨二氧化碳,生产约0.73吨氧气。每公顷草地每天能够吸收900千克的二氧化碳,生产约600千克的氧气。全世界绿色植物每年耗用的二氧化碳5500亿吨,水2250亿吨,可制造有机物4000多亿吨,放出氧气1000多亿吨。这是一个多么庞大的数字呀!

"一物三吃"的食品

在新疆有一个猴子王国,猴子国王很重视人才的培养。它深刻地认识到,一个国家的强大,重点是在对孩子的培养上。国王很爱动脑筋,他十分重视小猴子的智力开发,经常出一些题目,让小猴子去做。

这天,猴子国王碰到一个叫点点的猴子,就对点点说:"我给你 10元森林币,一天之内,你去买个'一物三吃'的食品,要是办不到,罚你两天不吃饭。"

"好的,国王。"猴子点点急忙点头鞠躬。

"我看你的表现。"国王充满希望地说。

当国王走后,猴子点点挠头了,什么东西是一物三吃呢? 它可从来没有见过,不免犯愁了。它在大街上转来转去,也没有想出办法来。随后,猴子点点想,总不能这样耗下去,要想办法呀。随后,它就向别人请教,但都说没有见过这种食品。太阳即将下山了,猴子点点还是没有想出办法来。心一急,不免流下眼泪来。一位路过的猴老头见到了,便问:"孩子,你哭什么呀? 需要我的帮助吗?"

猴子点点见有猴子问自己,眼泪流得更快了,哭着说:"老爷爷,你好!"猴子点点够有礼貌的,在这种悲伤的情况下,也不忘对老人的问候。

"孩子,有什么问题,你快说呀。"猴爷爷问。

"国王给我10元森林币,让我买一物三吃的食品给他。"猴子点点悲悲切切地说,"如果买不到,要罚我两天不吃饭。这怎么办呢?"

猴爷爷一听,晃着头说:"孩子,这好办,不要怕,这个问题很好解决。"说完,拉着猴子点点到超市,买了一样东西,并如此这般地告诉猴子点点怎么说。

猴子点点急忙带上买的东西去见国王。猴子点点对国王说:"亲爱的国王,我的好国王。你要我买的东西我已经买来了,这东西就是'一物三吃'的食品。"说完,双手交给了国王。

王国一看,皱起眉头。

猴点点看国王不解的样子,便急忙说:"第一,它的瓢和籽鸡可以吃;第二,它的皮羊可以吃;第三,它的肉你也可以吃的。"

国王听后,哈哈大笑,说:"买得好! 我要奖励鸡蛋饼干给你。"

猴子点点一听国王要犒劳自己,顿时笑开了花。

到此,你知道猴爷爷和猴子点点在市场上买了一个什么东西吗?

答 案

> 因为是新疆的猴子,买哈密瓜就行。实际上,不同的地方"一物三吃"也是有的。西瓜也可以当"一物三吃"的食品。西瓜皮兔可以吃;瓢人和动物可以吃;种子鸡可以吃。这个问题可是个开放性的问题,多加想一想,就会找到不少类同的答案。

这个像不上相机

雯雯的爸爸给了雯雯一个承诺,在五年级期末考试中获得级部前五名,就给买一架数码相机。雯雯特别喜欢拍照,为了爸爸承诺的数码相机,她学习更刻苦了。世上无难事,只怕有心人。雯雯终于在期末考试中如愿以偿,荣获全年级第四名,还比爸爸预期的超了一

名。爸爸也不食言，给雯雯买了一部数码相机。

雯雯爱不释手，有机会她就摆弄相机。照相机成了雯雯的宝贝，只要雯雯外出，她必定带上照相机，抓住机会，拍摄各种各样的照片。

不过，雯雯很有自制力。该玩的时间玩，不该玩的时间，要她玩也不玩。

雯雯玩相机，也玩出了名堂。在学校进行的一次摄影比赛中，获得第一名。她的摄影作品还在一家晚报上刊登了。这为雯雯带来了不大不小的荣誉，被称为校园摄影师。

这天双休日，雯雯听说有一部外国电影很好看，她就前去欣赏。影片比较有刺激，雯雯记得有这样一个镜头：一个人从摩天大楼上跳下，他的大衣被风吹开了，像一个跳伞运动员在空中飘忽着。那场面扣人心弦，十分精彩。

雯雯看到这个镜头，很遗憾没有带上相机，错过了一个摄影的机会。散场后，雯雯急忙赶回家，带上相机，又赶到电影院买了电影票重新看这场电影。

这场因是连续播映，看电影的人不是很多，雯雯一看正好，赶紧选了一个适合拍摄的座位，电影开映后，雯雯举起相机对准镜头，觉得光线太暗，便开了闪光灯。

雯雯一边看电影，一边等待她认为哪一个刺激的镜头。那个场面终于出现了，咔嚓一声，雯雯不失时机按下了快门，闪光灯同时闪出一道白光……

雯雯高高兴兴回到家里，当打开相机时，哇！竟什么也没有。哎，这是怎么回事呀？

请问：你能够告诉雯雯吗？

出生时的回忆

　　这一天,天气晴朗,太阳晒得的人暖洋洋的,许多袋鼠凑集在一起,各自介绍所见到的奇闻怪事。当大家把自己的故事讲完,再没有新鲜的故事可讲,也就闭嘴不说话了。太阳暖烘烘地照着,催人欲睡,大袋鼠不知不觉都打起瞌睡来。当大袋鼠睡着后,小袋鼠爬到育儿袋口挤眉弄眼,互相使了个眼色,悄悄从育儿袋爬了出来,蹦蹦跳跳,来到了一片田野里,围在一起,高谈阔论起来。

　　"哦,在妈妈的育儿袋里总感到别扭,活动受到限制。"

　　"是啊,这样多好,我们爱怎么活动就怎么活动。"

　　"田野才是我们幸福的乐园。"

　　其中,一个小个子袋鼠对大家说:"我在育儿袋里闲着没有事,我就瞎编起儿歌来,大家不妨听一听怎么样?"

　　"哈哈,人才,你还会编儿歌,我可不会。"一个小袋鼠激动地说,"你快说一说。"

　　小个子袋鼠朗朗说道:

　　"小小袋鼠羞不羞,

　　两只眼睛圆溜溜,

　　趴在袋里往外瞧。

自己有腿不走路，

还学兔子蹦蹦跳。"

"哈哈，不错。"一只袋鼠发表自己的高见，"不过，你怎么自己羞自己呢？"

"那不羞自己，还要羞别人呀？"小个子袋鼠有自己的见解。

"实际上，小袋鼠生活在育儿袋是我们继续生长的保证。"大个子大鼠说，"否则的话，我们因生出来发育不全，不能独立生活，我们就会死掉的。"

"是啊，我听到妈妈给别的妈妈讲。"另一个袋鼠说，"我们袋鼠是低级的哺乳动物，母袋鼠没有胎盘，小袋鼠在妈妈的肚子里不可能发育成熟。刚刚出生的小袋鼠，只有人的手指头那么一点大，身体完全没有毛，眼睛睁不开，耳廓还没有长出，只好迷迷糊糊地爬进母袋鼠的口袋里，叼住妈妈的乳头吃奶。"

"不过，大家知道自己是怎么爬进妈妈的育儿袋里的吗？"一个袋鼠像是在提问，也有点像在请教大家。

小袋鼠黑说："我记得这个问题。是妈妈把我舔干净后，用嘴衔到妈妈的育儿袋里。"

小袋鼠白说："不对的。我记得是爸爸把我舔干净了，用嘴把我衔到妈妈育儿袋里。"

小袋鼠颠说："不对，是爸爸把妈妈肚皮上的毛舔出一条道，我自己爬到妈妈口袋里去的。"

小袋鼠倒说："大家说的都不对，是妈妈把自己肚皮上的毛舔出一条道，我自己才爬到妈妈的育儿袋里。"

"你说的也不对，"小袋鼠黑说，"我说的对。"

"你们说的不对，"小袋鼠白说，"我说的对。"

"你们两个说的不对，"小袋鼠颠说，"只有我说的对。"

"你们三个说的都不对，"小袋鼠倒说，"唯独我说的对。"

它们的辩论声越来越高,声音越来越大。把袋鼠妈妈吵醒了,将小袋鼠唤了回去。它们又乖乖进到了妈妈的育儿袋。

不妨,考一考,你知道以上四只小袋鼠谁说得对吗?

答　案

小袋鼠倒说的对。

小袋鼠长到四五个月的时候,全身的毛长齐了,漂亮多了,常常从育儿袋里探出小脑袋来,好奇地打量着周围的世界。而一旦发现险情,袋鼠妈妈就会赶紧用前腿按下幼仔的头,收紧育儿袋,以免奔跑时将孩子甩出。有时候,长大了的小袋鼠也会在育儿袋里拉屎撒尿,袋鼠妈妈利用前肢把袋口撑开,用舌头仔仔细细地把袋里袋外舔个干净。小袋鼠在育儿袋里长到七个月以后,开始跳出袋外活动。当一遇到危险或受到惊吓,它又会很快地钻回育儿袋里去。

难以接受的第一课

小燕子和妈妈一起从南方飞回来了。它们又回到了以前住过的家,对这个家来说,小燕子太熟悉了,它熟悉这里的一草一木。这里的一切都曾深深地留在它的记忆里。

小燕子记得它出生的时候,妈妈整天忙里忙外,成天没有闲着的时候,即便是下雨天,妈妈也要外出,一天到晚给它找吃的。它感到有妈妈真好,就像歌里唱的,有妈的孩子是个宝。

小燕子不会忘记,在一个大雨滂沱,雷电交加的下午,妈妈为了

小燕子吃上一顿丰盛的晚餐,冒着被雷电击中的危险,蹲在地上,等待小虫们的出现。当时,小燕子十分感动。

小燕子清楚地记得,那个时候,自己很幸福,不愁吃,不愁住。

今年,同妈妈一起回到了久别的家里,它还想过着饭来张口的生活。可一天还没有过去,妈妈对小燕子说:"孩子,今年同去年不一样了,你应该去锻炼一下自己了,去见见世面,接受风雨的洗礼。"

小燕子一听马上瞪大了眼睛,听着这似乎不是自己的妈妈所说的话。但妈妈的脸很严肃,不用再存有幻想,是刚才妈妈说的话,没有半点虚假成分。

小燕子感到不解了,妈妈怎么会这样说呢,同去年对待我的态度发生了 180 度的大转弯。

这是怎么回事呀?还是因为爸爸去世了,妈妈对自己的态度发生了根本的变化,是不爱自己的孩子了?

小燕子毕竟还小,越想,越想不通。于是,就悲伤起来,心想,既然妈妈对我这样,那么当初不要我多好呀,免得我现在十分烦恼。于是,小燕子的眼泪掉了下来。

正在这时,一只小蜜蜂飞来了。见到小燕子眼泪汪汪的样子,不解地问:"小燕子,你生病了吗?"

"没有!"小燕子干脆地回答。

"要不,干吗这么伤心呀?"小蜜蜂爱关心人。"这么好的天气,应该出去劳动的。"

小燕子一看小蜜蜂真的很关心自己,就对小蜜蜂诉起苦来,说了妈妈对它态度的变化。

谁知,小蜜蜂一听竟哈哈大笑起来,随后,告诉小燕子:"这种做法呀,正是体现了你妈妈对你的爱呀!如果现在不让你去锻炼一下,你将来什么也不懂,什么也不会,你自己能够生存吗?自己的能力是后天锻炼的,不是天生的,不动手永远不能形成技能。你看,我们蜜蜂家族,到能够飞行时,就要出去采蜜,爱劳动是我们蜜蜂家族的宝贵传统。这样一锻炼,不仅我们的身体健康了,而且我们也学会了劳动,锻炼了自己的勇气。这不正是妈妈对我们的另一种爱吗?"

小燕子一听,感到小蜜蜂讲得很有道理,自己不能跟在妈妈身边一辈子,自己应该及早掌握相关的本领。

想到这里,小燕子脸色舒展了,豁然开朗了。是啊,这就是妈妈让孩子成才的良苦用心。世上只有妈妈好,这一点儿也不错。

小燕子想通了,话也就多了。它开始问小蜜蜂:"你采回的花蜜是去喂自己的孩子吗?"

小蜜蜂一听忍不住哈哈大笑:"我的小燕子姐姐,你怎么这样不给力呢! 你真的应该走出去,见识一下,开阔自己的视野。"接着,小蜜蜂给小燕子讲了蜜蜂的家族及蜜蜂采蜜等相关知识。小燕子听后,非常感动,觉得小蜜蜂真伟大。同时,小燕子感到是小蜜蜂给它上了人生的第一课。

想想看,小蜜蜂会给小燕子讲些什么常识呀? 小蜜蜂采蜜是不是喂自己的孩子?

蜜蜂采蜜不是喂自己的孩子，能够采蜜的蜂，叫工蜂。

在蜜蜂家族里，有蜂王、工蜂和雄蜂三种成员组成。蜂王是蜂群中的长者，是"产卵的机器"。雄蜂是蜂群内的雄性"公民"。工蜂是蜂群中个体最小者，在采集季节，由于工蜂长时间参加采集活动和饲喂大量幼虫，工作很劳累，所以工蜂平均寿命只有35天左右。而秋后所培育的越冬蜂，一般能生存3～4个月，有时甚至5～6个月。

蜂王在空中与雄蜂举行"婚飞"。交尾后，蜂王不是所有的卵都受精。它可以根据群体大家族的需要，产下受精卵将来发育成雌蜂，即没有生殖能力的工蜂；也可以产下未受精卵，将来发育成雄蜂。当这个群体大家族成员繁衍太多而造成拥挤时，就要分群。分群的过程是这样的：由工蜂制造特殊的蜂房——王台，蜂王在王台内产下受精卵；小幼虫孵出后，工蜂给以特殊待遇——以高营养的蜂王浆饲喂，待这个小幼虫发育为成虫时，就成了具有生殖能力的新蜂王。新蜂王产生后，就要分蜂。分蜂一般在春季发生。蜂王率领蜂群2／3的成员迁移，将王位让给另一只蜂王。

$1+1\neq2$ 的故事

在兴趣小组的活动中，姜才和文海做完了老师布置的实验作业。姜才说："我做一个有趣的小实验给你看，怎么样？"

"那好呀，"文海高兴了，"我就爱看趣味小实验。"

"我在没有做实验之前，想提问一个世界上最简单的问题：1＋1＝？"

"哎,那还用说吗? 1+1=2。"

"回答正确!"姜才又说,"100+100等于多少?"

"等于 200 呗。"

"回答正确! 加 10 分。"姜才竟学起了电视上的腔调,"100 毫升加 100 毫升等于多少毫升?"

"还是 200 毫升。"

"回答错误,扣 10 分。"姜才毫不留情地说。

"怎么会这样呢?"

姜才拿着量筒说,"我用量筒准确地取 100 毫升纯酒精,倒入一个大量筒里。再量取 100 毫升水,也倒入大量筒里,用玻璃棒搅拌,使水和酒精充分混合。待一会儿,从大量筒的刻度上读出混合液的总体积。"姜才说完就做了起来。

"哎,怎么刻度不到 200 毫升呀?"文海说。

"哈哈,问题还没有结束,我再用不同的液体做一次,还要请你看一看刻度哩!"姜才继续说,"我把水换成汽油,也倒 100 毫升,再和 100 毫升酒精混合,倒在一起,你看总体积是多少呀?"他说着就做起来,倒完后让文海看。文海一看眼睛瞪得很大:"哇! 怎么又多了呀?"

"怎么两种液体混合不是多,就是少,还有不多不少的吗?"文海觉得不可思议。

"哈哈,问得好。"姜才微笑着说,"我和老师要了一点丙酮,我把 100 毫升的丙酮和 100 毫升的酒精混合,你看总体积是多少呀?"姜才说完,就把两种液体量好,最后混合了起来。

文海一看,乐了:"我的妈哎,这一次怎么不多不少了呀? 这两种液体混合真有意思。"

"是啊,我刚才做的就有三种结果,是挺有意思的。不过,你知道这个原因吗?"

"喂！就知道要考我，难道我是博士通不成？"文海朝姜才做了一个鬼脸。

面对这种情况，我们不要文海出洋相啦，你来帮助他解释一番好吗？

❤答 案

不仅要考虑分子之间有间隙的问题，就是一些小分子进到了对方分子之间的空隙去了，从而使体积缩小。在这里主要考虑液体分子之间的引力大小的问题。

液体混合后总体积是增大还是缩小，要看液体之间分子的吸引力的大小。液体本身都会产生分子之间的吸引力，两种液体相遇也会产生分子之间的吸引力。如果甲、乙分子之间的引力大于甲－甲或乙－乙分子间的吸引力，混合液的总体积就会缩小。例如，酒精和水的混合，酒精分子和水分子间的吸引力比较强烈，结合成水－酒精大分子的倾向较大，所以混合后总体积缩小了。如果甲、乙两种分子间的吸引力不大，总体积就会增大，酒精和汽油混合就是这样。至于酒精和丙酮混合，酒精和丙酮分子的结构极为相似，两种分子之间的吸引力也和酒精分子之间、丙酮分子之间的吸引力差不多，所以混合后的总体积也基本上不变。

蜘蛛的拿手活

在一间旧屋子里，有一只大蜘蛛。一天，它看到屋子里有许多蚊子和小虫子，便悄悄爬过去，可是，它刚一靠近，这些小蚊子和小虫子

就呼地一下子飞走了，他们对蜘蛛敬而远之。这让蜘蛛十分恼火，它决定巧设陷阱，让蚊虫自投罗网。

蜘蛛以虫子和蚊子为食，但这两天它们都躲得远远的。蜘蛛已经饿了两天肚子了，但它还表现得很悠闲。它优哉游哉地爬到屋角的一边，慢慢织起一道又宽又大的网来。织好网后，蜘蛛爬上网，装出很舒服的样子，在网上玩来玩去。

不一会儿，那些小虫子和小蚊子又飞来了。看着蜘蛛网的样子像一个大的蹦蹦床，舒适好玩，十分羡慕，但还是不敢到蜘蛛网上玩。又过了一会儿，蜘蛛装着玩累了，就藏到一个隐蔽的地方睡觉去了。调皮的小虫子和小蚊子看到蜘蛛走了，十分高兴，就忍不住一齐跑到蜘蛛网上去玩，也想学一学蜘蛛在上面行走的样子，本想潇洒走一回，可刚一迈步，就发现有陷阱。妈呀，怎么走不动了呢？这还了得，还是赶紧逃走为妙，但挣扎来，挣扎去，身子被粘得不可收拾，更加逃不了身。气喘得越来越慢，最后竟给累死了。

哈哈，这时的蜘蛛终于不再沉默，该是它打扫战场的时候了。只见蜘蛛慢慢爬过来，十分斯文地吃起它的晚餐来。

这一切的一切，被一只大蚊子看到了，它感到蜘蛛藏有险恶的用心，事先设下了陷阱，是最危险的敌人。它恨蜘蛛把它的许多兄弟吃了。为了使更多的兄弟不被蜘蛛吃掉，它不吃不喝，坚守在这里，向蜘蛛网飞来的飞虫提醒远离蜘蛛网，远离危险。它想这样做，可以把蜘蛛给饿死。拯救更多兄弟的生命。

正在这时，有一些小虫子和小蚊子要到蜘蛛网上玩，大蚊子马上飞过来警告说："那是一张危险的网，害人的网，是一张要命的网。千万不要上去！"

小飞虫和小蚊子一听吓得马上飞了回来，是啊，小命要紧，不可乱闯。

当飞虫和小蚊子飞回来后，一个飞虫好奇地问："蜘蛛网上有危

险,怎么蜘蛛在上面却安然无恙呢?"

"这……"大蚊子一时语塞。

"哦,看来大蚊子是瞎说,在忽悠我们。我们上去玩吧!"一个飞虫说着,就飞了上去。

哇!上去就被粘住了。这个飞虫哭呀,喊呀,都没有用,谁也救不了它。眼见为实,眼睁睁看到的事例,大家终于明白了大蚊子的良苦用心。

是啊,怪得很,蜘蛛在上面走安然无恙,其他小昆虫上去就会被粘住,这是怎么回事,你知道这个道理吗?

答案

原来,蜘蛛的肚子里有很多的丝浆,尾端有很小的孔眼。结网的时候,它就把这些丝浆喷出来。丝浆遇到空气,就一下子凝成了细细的丝线,蜘蛛就用这丝线结成网,这些丝带有黏性,不论什么飞虫,一碰到网,谁都跑不掉。蜘蛛的身上和腿上,经常分泌出一层油质,黏丝是不粘油的,可是一般的虫子就没有这层油质,所以蜘蛛网可以粘住飞虫,却粘不住蜘蛛。

蜘蛛在网上活动时,会选择在没有黏性的纵丝上,从而避免被自己的网粘住。另外,蜘蛛网通常与地面都不是垂直的,蜘蛛用带有毛刺的脚接触蜘蛛网,整个身体就挂在上面而不会接触到蜘蛛网,这也减少了被粘住的可能性。

万一碰上有黏性的横丝时,聪明的蜘蛛会使出一种"绝活"。蜘蛛能分泌出一种油性物质并将它涂抹到身上尤其是脚上,正是这种油性物质使它即使碰到了横丝也不会被粘住。

谁的妈妈在自吹

老虎一向威信很高，被动物们选为大王，老虎也不谦让，召集大家，慷慨激昂地说："既然大家推选我当大王，我也就不推辞了，不过，我要尽我的能力，来为大家服务，不辜负大家对我的信任。"

呱呱呱，台下的动物们热烈地鼓起掌来。

就这样，老虎大王就走马上任了。

一个冬季的一天，虎大王对鸟类家族进行了一番视察，它看到了许多鸟类的幼小孩子被自己的妈妈抛弃了，有的被冻死，有的被饿死，很可怜。当它走到一座屋檐下时，看到鸽子妈妈在耐心细致地喂养孩子，虎大王被感动了。它觉得，鸽子的妈妈很称职，是其他鸟类妈妈的榜样。于是，决定在这里举行现场会，让鸽子妈妈作报告，教育那些不负责任的鸟类妈妈。

谁会不爱自己的孩子，不好好喂养孩子？起初，鸽子红着脸不好意思，后来在虎大王的鼓励下讲了起来。动物们听后，都被鸽子妈妈所感动，有的鸟类妈妈被感动得哭了，大家纷纷表示，今后要向鸽子妈妈学习，一心一意喂养自己的孩子。

不过，也有些鸟妈妈对此不以为然，杜鹃撇着嘴说："这有什么了不起，我抚养子女比鸽子周到多了！也可以说费尽心机。"

啄木鸟在一边也不服气地说："我为了让孩子舒服地生活，采来很多结实的树枝，造了一个很美的巢。"

老鹰拍着胸脯瓮声瓮气地说："我为了让孩子吃饱，很早就开始准备谷粒和其他粮食了。"

在其周围的老母鸡也受到了感染，咯咯地叫着说："为了孩子吃

饱，我是每天嘴对嘴地喂呢！"

听听，多么用心，多么慈祥，多么好的妈妈！

不过，当这些动物的妈妈刚说完后，猴子对着它们哈哈大笑起来。这一笑使一些动物的妈妈感到不好意思起来。便问："猴子，你为什么要笑呀！"

"是笑那些不知脸红的妈妈。"猴子铿锵地说，"这真是一群喜欢自吹自擂的妈妈！我算服了。"

哦，应该说猴子说话是有根据的。想想看，猴子为什么说这四位鸟妈妈是自吹呢？

答　案

　　杜鹃到了产卵期，自己不筑巢，而是伺机把卵产入别的鸟的巢中，由别的鸟孵化、育雏，并逐渐长大。啄木鸟把树洞当成巢，筑巢从不用树枝。老鹰是食肉性鸟类，从不吃谷粒及粮食类作物。小鸡是早成鸟，出壳后自己就可以觅食，根本不用老母鸡抚养。所以四位鸟妈妈说的话都是在自吹自擂。

神奇的疗伤

　　暑假里，果果跟着妈妈来到家住农村的姥姥家里。头几天，果果感到这里什么都很新鲜，觉得这里的一草一木，都与大城市里的不一样，尤其是觉得空气与城市的不一样，清新而没有污染；果果觉得这里的水更好，比桶装水都好。哈哈，果果明白了，这里是原生态，所以玩得十分开心。

几天之后,果果也发现一个问题,就是这里的人少,尤其是伙伴更少。原来,姥姥家在一个偏僻的山村,这里的住户一共是20多户,而且相隔还比较远,这里几乎没有几个同龄的孩子。没有人与她玩,这使果果很苦恼。

一天,果果来到河水清澈的柳河边,她坐在河边石头上,闷闷不乐地发呆。

突然,一只青色的青蛙跃出水面,正好落到河边的一片荷叶上,瞪着大眼睛看着果果,似乎在说:"你有什么心事吗?"

果果感到奇怪,管它能不能听懂呢?我自管说一说心中的烦恼。于是,果果就自言自语地说起自己心中的烦恼来。呵呵,也怪,当果果把心中的烦恼说出之后,哎,感觉心情好极了。这是怎么回事?果果一时也说不清。是啊,解脱自己的烦恼有很多方法,比如,对着大海大声喊;对着沙袋练拳击,把沙袋当成自己的"假想敌";把自己的烦恼说给好朋友听一听,等等,都是解脱烦恼的好方法。

再看那只跃到荷叶上的小青蛙,瞪着泪汪汪的大眼睛,呱呱地叫了几声,似乎是说我明白了。就啪的一声跳到河水里去了。

第二天,果果跟着妈妈到姥姥家的地里去拔菜,回来时,正好又路过那条小河。突然看到那只小青蛙的背部受了伤,蹲在河边,把内脏全部吐出到嘴边,样子可怜兮兮的。果果看到后,十分伤心,她为小青蛙受伤而难过。

果果问妈妈:"妈妈,你说这只小青蛙会死吗?"

妈妈朝小青蛙看了一眼说:"这只小青蛙活不成了,快要死了。"

这使果果更难过。

第三天,果果又来到河边,看看小青蛙是不是身体早烂了呢?

哎,哪里还有小青蛙的尸体,河边原来的那个位置上,什么也没有。果果想:"那只小青蛙多可怜,死后连个尸体都没有保留下来。"

突然,一只青色的小青蛙又跃出水面,落到荷叶上。哦,那不是

昨天的那只小青蛙吗？它怎么又活了呀？

小青蛙见到果果后，呱呱地叫了两声，又跳到水里，在水里游了两圈不见了。

果果感到奇怪，小青蛙受伤那么严重，怎么没有死呀？

答 案

人们发现，有只青蛙被石块击伤，内脏从口腔露出来。这只青蛙会始终蹲在原地，慢慢地吞回内脏，三天后，它基本复原，又活蹦乱跳了。

有些动物的疗伤十分奇特，五花八门，说来很有意思。

有些野生动物会用野生植物来治病。比如，热带森林中的狮子，得了怕冷、战栗的病，就会去啃咬金鸡纳树皮。这种树皮中含有金鸡纳霜素，是治疗疟疾的特效药。

鹿闹腹泻的时候，就常常吃食槲树的皮和嫩枝。槲树里含有鞣酸，能够止泻。

有趣的是，印度的长臂猿受伤后，常常把香树叶子嚼得很碎，捏成一团，敷在伤口上。山鹬和山鸡在自己的腿骨摔伤后，常常飞到河边，用嘴啄些软泥涂在骨折的腿上，接着又叼些细草混在泥里，最后，再在外面用泥糊结实，做成"石膏模型"，把受伤的腿固定起来。用不了多久，受伤的腿就长好了。

湿敷是医学上的一种消炎方法，猩猩也懂得用这种方法来治病。猩猩得了牙髓炎后，就把湿泥涂到脸上或嘴里，等消炎后，再把牙齿拔掉。

有些动物吃了有毒的食物后，能够自己寻找催吐的草吃，把肠胃清洗干净。

贪嘴的野猫吃了有毒的东西，又吐又泻。它会急急忙忙去寻找一种带苦味的有毒的藜芦草，食后引起呕吐，渐渐地，病就好了。原来，藜芦草里面含有一种生物碱，它有催吐的作用。

吐绶鸡被大雨淋湿后，它会吞下苦味的草药——安息香树叶来预防感冒。

狼和山犬的胃肌能够自动收缩。当它们疑心自己吃了有毒食物的时候，便立即收缩胃肌，把胃里的东西吐出来，以防毒死。

猫和狗常常用舌头舔疮面或伤口，因为唾液中的酶素有杀菌的作用。

温泉浴是一种物理疗法，熊和獾也会用这种办法来养生和治病。美洲灰熊有种习惯，一到老年就喜欢跑到含有硫黄的湿泉中去洗澡，浸泡在里面，仿佛在治疗老年性关节炎似的。母獾常把长疮的小獾带到温泉中去沐浴，治疗疮疾，一直到病愈为止。

野牛患了皮肤癣，它长途跋涉来到湖边，它在泥浆中"沐浴"一阵，然后爬上岸，将泥浆晾干。过了不久，它又去湖边再次"沐浴"，一直把癣治好为止。

喜欢这种泥浆的还有犀牛、河马等，除了治病，还有防病的作用。这样，可以使那些寄生在皮肤缝隙中的虱子没法呆下去。

巧辨白鹅

禽贩子钱言从外地弄来了一批大白鹅，关在后门的木栅栏里。为了增加鹅的重量，他用米糠拌沙粒把鹅喂得饱饱的，好以斤论价，卖更多的钱。

　　事有凑巧,第二天早晨,有个小朋友小刚赶着一群白鹅到不远的小河里放,正路过钱言的后门。钱言趁小刚不注意,把他的几只白鹅赶进了后门自己的鹅群里。钱言有自己的道理:人无外财不发家嘛。

　　小刚眼尖,很快发现了钱言的卑鄙行为,回头就向钱言要鹅。

　　钱言是个无赖,他怎么会把刚赶进自己家门的鹅放出去呢? 就说:"这些鹅都是我前几天买来的,我这里可没有你的鹅,小孩子家不要在这里无理取闹,去! 去! 去!"

　　小刚可不是一般的小朋友,他急忙找到了住在不远的王探长家,把这件事向王探长说了,并向王探长建议,如何如何……

　　王探长打趣地说:"哈哈,小小的年纪心眼还不少,将来一定有出息。"

　　就这样,王探长来到钱言家,按照小刚的方法,把小刚辨认为是他家的鹅抓了,并把双脚缚了起来,把钱言的几只鹅也缚了起来,带到了村委办公室,都放在报纸上。并对钱言和小刚说:"半小时后,两家的鹅会分得清清楚楚。"

　　钱言感到困惑,半小时怎么就出来结果了呢? 干吗在这里等时辰?

　　半小时后,有了结果。在事实面前,钱言不承认也不行。

　　猜一猜,小刚辨认白鹅的秘密是什么呀?

 答案

　　只要看一下鹅的粪便就可以了。鹅有个吃了不长时间就屙的习惯。小刚的白鹅吃青草,粪便是绿色;而钱言的白鹅吃米糠拌沙粒,粪便是土黄色。通过粪便就可以分辨出来,这个方法很巧妙。

为难了啄木鸟

鸟儿经常飞过森林，也常在森林中歇脚，同森林中的啄木鸟混熟了。每当鸟儿飞到森林歇脚时，就同森林中的啄木鸟说几句话。

啄木鸟长期生活在森林中，很是寂寞，所以非常喜欢鸟儿来做客。同样，鸟儿在外面飞累了，也非常喜欢到森林中休息一会儿。啄木鸟对鸟儿很热情，有求必应，再加上它为人忠厚，所以，鸟儿和啄木鸟成了好朋友。

鸟儿同人类相处得很好，当小麦春天拔节的时候，鸟儿就帮助人们捉虫子。人们收获粮食后，还特意在一定地方留一些作为鸟儿的粮食，并且还保护鸟儿。同样鸟儿也知恩图报，既然人类对鸟儿这样好，鸟儿也应该为人类服务。

偏巧，这一年，麦田里突然飞来一大群蝗虫，不停地吃麦苗，鸟儿加紧捕食，但鸟儿的数量少，控制不了蝗虫的肆虐。蝗虫十分猖狂，吃了一块又一块麦田。鸟儿看在眼里，急在心里，就飞到森林里向好朋友啄木鸟求救。谁知，当鸟儿把事情的来龙去脉说完之后，啄木鸟却说："我很理解你的心情，但我是不能去的。我建议你赶快找捉蝗专家来消灭蝗虫吧！"

鸟儿听后非常生气，心想："平日里啄木鸟挺热情的，还是捕虫能手，今天怎么能拒绝我的邀请呢？唉，真是画虎画皮难画骨，知人知面不知心啊，朋友为什么会在关键时刻掉链子呀？"

想想看，好朋友啄木鸟怎么不去麦田里捕捉蝗虫呢？

答 案

啄木鸟的足是两趾向前，两趾向后，只适应攀行，不能下地行走。啄木鸟的嘴是尖型的，只适用凿树洞；舌头上长有一个倒钩，便于吃洞中的虫子，它对付不了能飞的蝗虫。只有燕是捕食蝗虫的专家。

海鸥也可以捕捉蝗虫。一年，美国西部的犹他州蝗虫成灾。后来飞来一大群海鸥，啄食了这些蝗虫，确保了丰收。当地居民为了感谢这些捕捉蝗虫的海鸥，特意建立了一座栩栩如生的海鸥纪念碑。

哦，判断的根据是什么

小魏的舅舅从农村来到小魏家做客。同舅舅一起来的还有小魏的表弟小波。

小波生活在农村，第一次到城市里觉得一切都很稀奇。一会儿小波爬到窗上看公路上的车来车往，熙熙攘攘，同在农村里赶集的一样，十分热闹；一会儿，小波又问起表哥小魏，城里人为什么这样多？汽车为什么一辆接一辆，会不会发生车祸？城里的人怎么这样有钱？等等。这使小魏感到很无语，对于表弟的问题，他无从回答。

小魏的脸上露出不屑的样子，可小波不在意，还一个劲地问这问那。妈妈看到小魏不耐烦的样子，就对小魏说："你表弟初来乍到，对什么都感兴趣，这是很正常的。你不要认为自己生长在城市里，就什么都懂，瞧不起农村来的小表弟。当你到了农村，你也会傻乎乎地像小波那样什么也不懂的。"

"哈哈,妈妈,看你把自己的儿子说得一无是处。"小魏不信妈妈说的那一套。

"哦,不信,等你到农村后,你会感到妈妈说得有多么对!"妈妈还在苦口婆心地说。

"这有什么呀,农村就那么几样东西,我在书上早学了。"小魏自豪地说,"城市里的孩子就是聪明,农村的孩子就是愚笨。"

"哦,你迟早会接受教训的。"妈妈在教训孩子。

过了一会儿,妈妈忽然想起需要的鸡还没有买来。就对小魏说:"小魏,你到超市,买两只母鸡。记住,一定要母鸡,因为母鸡营养丰富。"

小魏刚走出去,小波急忙赶上去,就说:"表哥,我也要去。"

"你去干什么呢?"小魏不想要表弟随行。

"我和你做个伴,到时候还可以给你提个醒。"小波说话一点也不脸红。

小魏想,听听这德性,做个伴还可以,还给我提个醒,这不是太抬举自己了吗?也没有看看他那点水平,我给他提个醒,倒还是名副其实。

不过,碍于面子,小波一直要求,小魏也只好不情愿地答应了。

到了菜市场,哇,东西那么多。小波不免问小魏这或那,小魏很烦。不过也不能说什么,不能让表弟扫兴,他和舅舅打算住一个礼拜的时间,时间不长,不能闹得不可开交。

在菜市场上,有很多被杀的公鸡和母鸡。可是,小魏在菜市场上转来转去,就是不出手买鸡。

小波是个急性子,就问表哥:"你怎么不买鸡呢?时间差不多了。"

"你看这些鸡,都用食品袋盛着,外面只露出了两只鸡爪。这怎么判断是公鸡还是母鸡呀?"小魏不得不实话实说。

　　小波明白了,是表哥不好意思说自己不知道。就跟着表哥随便转了一下,伸出两只手指着说:"这两只是母鸡。"

　　"这是吗?"小魏不信,干吗凭着手指一指,就知道是母鸡还是公鸡?但他嘴里没有说。

　　不过,等回到家里,如果不是的话,这一些的责任都推到小表弟身上。哈哈,错了,让你吃不了兜着吃。

　　回到家里,妈妈打开食品袋一看,全是母鸡。就夸了小波一句:"你真聪明。"

　　小魏听后,感到脸红了。他在心里暗暗佩服小波了。

　　哦,你知道小波是怎么识别是公鸡还是母鸡的呢?

 答　案

　　因为公鸡在爪子的上边都长着一个距,就是像角一样的尖的硬东西,而母鸡没有。小波因生活在农村,看到的多了,就能正确区分出鸡的公与母来。

油车起火

　　"嘟嘟嘟"波斯探长的"嘟嘟表"响了起来:"喂什么事呀?"

　　"探长,大事不好了,我是猎狗烈烈,我开的油罐车在路上起火了! 火很大,请你速来。"

　　"好的,我就去,你赶快离开,免得油罐爆炸。"波斯探长说完,急忙打通了消防站的电话,请他们快去救火。

　　波斯探长和智多星驾驶着"两栖机"火速赶到了事发现场。油罐

车大火燃烧,浓烟滚滚。这时消防站的车也已经赶到。用二氧化碳泡沫进行灭火。

大火很快得到了控制,10分钟后,油罐车的火被扑灭。

猎狗烈烈急忙找到波斯探长汇报案情:"探长,我开着车跑在国防路上,忽然发现山羊大伯用手向我比画车的后面,我接着向反光镜一看,我的妈唉,车后面起火了,我还竟没有发现,于是,我急忙来了个急刹车。下车后我马上就给您打了告急电话。"

"你事先一点异常也没有发现吗?"波斯探长问。

"没有啊,要发现有情况,我怎么敢开着车跑呀?"猎狗烈烈感到探长在说废话,这些话还用问吗?谁会拿着生命开玩笑?你的胆子比身子粗——敢!哈哈,我胆子比腰细——不敢!

"哦,无缘无故车怎么会起火呀?"智多星感到不解,"我们再看一看车上有没有可疑的情况,难道有人在搞破坏吗?"

车身温度很高,根本无法靠近。

没有办法,波斯探长和智多星只好隔着老远进行观察。波斯探长蹲着观察了一会儿。"唉,车后面上的铁链怎么没有了呢?"

"可能是烧断了吧?"猎狗说。

"哇!你是鸡脑子,怎么不动脑子呀? 就这种情况大火能把铁链烧没有了呀?"智多星说,"你看周围车底都没有变形,铁链怎么会受损呢?"

"哪铁链丢到哪里去了呢?"烈烈喃喃地说。

"哈哈! 要知道我就给你捡回来了。"智多星感到他的提问很弱智。

"哇! 在你们的议论中,我找到了问题的答案。"波斯探长眼睛一亮,"我问你烈烈,油罐车为什么要拖一个尾巴——铁链呀?"

"这兜风吧?"烈烈感到不知所措地应付。

"难怪呀! 这就是你油罐车失火的原因。"波斯探长一针见血地

指出，"如果你知道，你就会注意到这个问题，也就不会发生这个事故了。"

"探长，一根铁链有这么严重吗？"烈烈不信。

"不学习是不行的。"智多星接了上去，"经探长这么一说，我豁然开朗。问题就出在油罐车没有带上一个小尾巴。"

"智多星，你说一说油罐车没有带上一个小尾巴真有那么严重吗？"烈烈感到问题就出在这上面。

"是啊。"智多星说完，就给烈烈解释起来。

哦，你知道油罐车带一个小尾巴的科学道理吗？

 答 案

油罐车在装油、运油和卸油过程中，由于油与油罐壁，卸油及装油用的管反复接触、磨擦，从而使电荷聚集产生静电。当带电体因电荷积累达到一定的静电电位时，就会发生静电放电现象，加上周围空间又存在着爆炸性混合物，这时就有可能发生燃爆事故。

要知道，车胎是橡胶的，绝缘，无法将车体的静电导入地下，所以用一根铁链拖在地上，意在将静电导入地下，保障安全。

以脚分类靠谱吗

小白兔和小山羊是一对好朋友。

一天，小白兔和小山羊在一起玩耍。小白兔说："这几天，我发现了一个规律。"

"哦，发现了一个规律，是了不起的事情。"小山羊羡慕地说。

"动物可以用脚来区分。"小白兔自豪地说。

"最好具体说一下。"小山羊说。

"你看，人是两条腿走路的。"小白兔说，"兽类是4条腿走路的。这两条腿和4条腿就是人类和兽类的区别。"

"不完全是吧？"小山羊有意出难题，"鸟类和家禽如鸡、鸭、鹅等，也是两条腿走路的呀！"

小白兔想了想说："不对，鸟类也是4条腿走路的。"

"这话怎么讲呀？"小山羊继续考问。

"鸟靠什么飞行？"小白兔反问。

"靠翅膀呀！"小山羊有点不耐烦，"这还用问吗？"

"这就对了。"小白兔继续说，"鸟类在地面时，用后面的两只脚行走或跳跃，飞行时要靠翅膀来搧动。这翅膀是鸟类的前肢，是两只演变了的腿。哈哈，这样合起来还是4条腿走路。"

"这样说来，也有道理。"小山羊肯定有加地说，"别的动物怎么来区分呢？"

"根据脚很好区分呐，"小白兔继续介绍它的发现，"如蜜蜂、蝎子、蚂蚁、瓢虫、蜘蛛、苍蝇都是6条腿，它们都是昆虫——六足俱乐部成员。"

"哎呀，你可以不要忽悠我。"小山羊说，"蜘蛛、蝎子是8条腿的呀，怎么跟六条腿的昆虫混在一起呢？"

"哦，6条腿的是昆虫。"小白兔纠正，"这8只脚的动物，叫它八足动物怎么样？"

"NO！这怎么行呢？要这样的话，就会乱了套。"小山羊不同意。

"这是为什么呀？"小白兔感到不解。

"你想一想，"小山羊说，"如果这样的话，肯定会乱的。"

"怎么会乱呢？"小白兔瞪大了眼睛，"你可不要吓唬我呀！"

"像蜈蚣、马陆,我只听说人们叫它'千足虫'、'百足虫',到底它们有几只脚没有数过,这怎么办呢? 小白兔,你能够告诉我吗?"小山羊分析着。

"哦,这个问题一时还真的没有想过哩。"小白兔感到不好意思。

哈哈,干脆你告诉小山羊怎么样?

♥答 案

蜘蛛、蝎子不是"八足动物",而是蛛形纲。有些动物如章鱼,头上有8条腕(触手),如果也叫"八足动物",分类就乱了。

蜈蚣、马陆(又称千足虫),身体有许多"体节",每节都有两对足(马陆1~4节没有足),所以叫作"倍足类动物"。足的多少不一,例如,石蜈蚣,有15对足;地蜈蚣有30~170对足。马陆的足也很多,但不会超过1 000只。"千足虫"、"百足虫"是形容它们多足,动物分类上属于"多足纲"。

纸灰变丝帕的秘密

今天是寒假,同学们都乐在脸上,喜在心里。寒假因放的时间长,丁芮老师对同学们说:"寒假里,同学们可以成立学习小组,家住比较近的同学可以组合在一起,进行一些有意义的学习和活动。这样大家玩起来更有意思。大家欢迎吗?"

"欢迎!"丁老师刚说完,同学们马上表态。

班上的同学纷纷报名,丁老师发现许多同学都喜欢和大刚在一个组里。

这次报名是根据家庭的远近报名的。当同学们报完名后,丁老师发现了一个问题,有几个同学居住的地方与大刚较远,也都报了大刚的那个小组。哦,这是怎么回事?大刚对待同学热情,性格豪放,同学们都愿意跟他交往。但这么远也报名到大刚家,这是为什么呀?老师心里是一个谜团。老师问其他几个同学为什么要报大刚的一组呢,同学们含糊其辞,不愿意说出实情。

　　寒假开始了,老师要到每一个学习小组进行检查,免得几个同学聚集在一起玩耍,放松了学习。如果合伙捣蛋,那就事与愿违了,违背了老师初衷。

　　当丁老师来到大刚家时,刚要推门进去,就听到大刚的高嗓门在说:"大家做完作业了吗?"

　　"做完了。"几个同学在回答。

　　"那好,把作业再检查一遍。直到没有半点差错后,我们才能进行下一个活动。"大刚如同班主任丁老师在要求小组成员,还学着丁老师的语调。丁老师听到这里,噗哧一声笑了,心想,这些孩子多乖呀! 他们在一起够有意思的,也够开心的。

　　丁老师感到奇怪,大刚小组的下一个项目是什么呢? 丁老师当机立断不进去打扰他们了,于是,就站在门外听起"墙根"来,并从门上的玻璃缝隙往里看。

　　几个同学马不停蹄地检查完成好作业后,几乎异口同声地说:"作业准确无误。"

　　"好的。"大刚侃侃而谈,"今天,我们再学下一个新魔术。希望大家能够喜欢。"

　　呱呱呱,大家响起了热烈的掌声。

　　"希望大家认真观察。"大刚说完,往桌子上放了一张白纸和一盒半开的火柴,大刚高高地挽起了袖子,说:"大家看我双手什么也没有。"他点燃了白纸。随后,把火柴盒丢在桌子上。当白纸烧尽时,他

用气吹散了纸灰,随后喊声:"给我变!"用手向前一抓,哈哈,竟然抓出一块大红丝帕来。

呱呱呱又一阵掌声响起。大家惊得目瞪口呆。

这是怎么回事?大家都很羡慕。都说:"大刚这个魔术很好玩,你快告诉我们方法吧?"

"告诉方法可不急。"其他同学着急,但大刚可不着急。"我要对大家的作业进行检查,如果谁的作业没有半点问题,谁就首先有资格知道这个魔术的秘密,这是我们学习小组事先制定的特殊奖励,谁也不能含糊。对不对呀?"

"对!"同学们都在等待大刚对作业的检查。

此时此刻的丁老师,脸上露出了微笑。由大刚同学带领的学习小组,还有什么不放心的吗?她悄悄退了出去。

不过,丁老师心里也有一个不解之谜,这大刚的纸灰变手帕的秘密在哪里呢?

 答 案

纸灰变丝帕的诀窍在火柴盒上。因为火柴盒是半开的,在另一端空盒处,预先放一条事先叠好的丝帕,点火后将火柴盒合上时,丝帕就落到了手里,随意表演一番后,手中的丝帕就在吹散飞灰时抖了出来。

爽身粉惹的祸

睿睿是个爱干净的女孩子,她的衣服都是一尘不染,头发也是2

～3 天一洗。

夏天到了，气温升高，天气热起来，人们稍微一活动，就会浑身流汗。

这一天，睿睿从外面回来，感到浑身是汗，就先冲了个澡，顺便还往全身抹了爽身粉。在灯光下，只见爽身粉像雾一样地飘荡着。

睿睿擦完爽身粉后，就上床关灯睡觉了。

晚上，睿睿做了个好梦，它成了人人羡慕的美丽公主，这使她非常高兴。事事都顺心，没有烦恼，她想，难怪小说里的公主让人羡慕，原来是丰衣足食，吃穿不愁，人人见了都会给一个笑脸。哈哈，当公主真好。

一阵鸡叫，把睡梦中的睿睿惊醒了，好梦不长。

睿睿刚起床，低头穿鞋，看了一下地板，大吃一惊。妈呀！这是怎么回事？地板上怎么会有白白的一层东西呢？睿睿低头一看，哦，是爽身粉！唉，爽身粉怎么会落到地板上来，是谁来过，把这里的地板弄脏了。便大声喊："这是谁把爽身粉撒到了地上？"

妈妈说："只有你在哪里，我们怎么会知道呢？"没给睿睿个好脸。

爸爸说："这个就问一问你自己吧。"言外之意，办事要好好思考，不要动不动就大呼小叫，没有淑女的样子多难看。

睿睿一想，也气消了，可不是吗，昨晚自己睡觉前，已经把门插好了，早上又是自己开的门。哈哈，这不找自己找谁呀！睿睿扮了一个鬼脸。自己只好拖起地板来。

哎，睿睿转变得好快呀，你知道这是怎么回事吗？

 **答案**

> 灯泡亮着时，灯泡是热的，灯泡周围的空气也是热的，热空气向上跑，所以就把睿睿撒出的很轻的爽身粉也一齐带了上去。睿睿把灯关掉后，灯泡四周的空气又渐渐变冷，冷空气下降，于是，又把那些上升的爽身粉带落下来，落到干净的地板上了。

这是怎么回事

有一天，小孟和小姜放学一起回家，小孟神秘兮兮地说："最近，我发现了一个有趣的怪事，你想不想去看看？"

"什么怪事？"小姜兴奋地说，"哈哈，当然要去看看了！"小姜可是班里有名的小灵通，什么事情他都能说上个一二，难怪有问题大家都爱找他。

"到底是什么怪事呀？"小姜急忙问，"快告诉我呀！"

"是这样的。"小孟回忆着，"前几天放学后，我走在回家的路上，忽然发现一只在空中飞行的黑蝴蝶，毛茸茸的，好大、好漂亮，如同一个飞行的小鸟儿。我就背着书包追赶，一气追到一座旧房子里。这座旧房子没有人居住，在一个破旧的窗框上，挂着一只很大的蜘蛛网，网上有一只巨大的蜘蛛，像大衣扣子那么大。这样大的蜘蛛我还从来没有见过。出于好奇，我就看蜘蛛，当我再找蝴蝶时，唉，蝴蝶不知飞到哪里去了，这使我好不后悔。"

"后来呢"小姜着急地问。

"蝴蝶追不到了，我就观察蜘蛛。"小孟说道，虽然失去了蝴蝶，但发现了一只大蜘蛛，也算是一个额外的收获吧。"我好奇地走过去，看了一会儿，正好有一只苍蝇被粘到蜘蛛网上，大蜘蛛迅速爬了过去，一会儿功夫，就把苍蝇吃掉了。"

"哈哈，这有什么奇怪的呀？"小姜感到索然无味。

"好戏还在后头呢。"小孟不紧不慢地说，"又过了一会儿，一只蜜蜂又撞到了蜘蛛网上，可是，那只大蜘蛛却一点反应也没有。这是怎么回事呢？我想或许是蜘蛛已经吃饱了。自己懒得动了。但是，过

了一会儿，又一只苍蝇落到了网上，大蜘蛛又像饿虎捕食一样扑了上去，大吃了起来。我这里感到奇怪的是，蜘蛛既然没有吃饱，为什么不去吃那只蜜蜂呢？"

小姜想也没想就说："这是因为苍蝇体形小的缘故。"

"NO！不对！"小孟感到这种解释不正确。

你说，小姜说得对吗？

答案

蜘蛛8条腿上有振动感受器，对每秒钟振动40～500次的信号最敏感，苍蝇每秒钟扑动翅膀的次数正好在这个范围内。而蜜蜂扑动翅膀的次数每秒超过1 000次，因此，蜘蛛没有反应。所以小姜回答是错误的。

会看到什么

小梅不仅学习好，而且歌也唱得不错，同时还是学校舞蹈队的主力队员。因小梅跳舞蹈有天赋，表现不俗，被区舞蹈队挑去作为后备力量培养。当她得到这个消息后，十分高兴。

是啊，能够到区舞蹈队很不简单。只要进到这个队后，将来可能从事舞蹈生涯的机会是很大的，应该说前途一片光明。

第二天放学，小梅早早来到训练场地。她一进训练场地的大门，就看到门旁有两面相对摆放的立镜。她走到两面镜子中间，前后左右瞧着自己，发现里边照出了自己一幅美丽的影像。哦，怎么这样漂亮？小梅感到很好奇，是啊，有的影像连她自己都怀疑那不是自己，

而是另外一个漂亮的女孩子。

小梅看到这种奇妙的影像，她产生了一个奇妙的念头：一个人站在两面镜子中间，就能照出这么好看的影像，如果要是在这间大厅里的上下、左右、前后都铺满了镜片，不留下一丝缝隙该多好啊！那一定会一眼就能看遍自己全身所有的地方。

哈哈，这个想法多美，多有意思。小梅自从有了这个想法，就对这个问题感到好奇，想入非非，也不知自己想得对不对。

有一天，科学老师讲完课后，小梅急忙拦下了科学课老师，说明了藏在心中已久的问题。谁知，科学课王老师听后哈哈大笑起来。笑后，王老师说道："你真是个傻孩子。你这个想法不错，但是不可能实现。"

哦，这是怎么回事？

 答 案

按照小梅的想法，各个方向都铺满了镜片，又无缝隙，进不了光线，就会什么也看不见了，哪儿会照出更多的影像来呢？所以，王老师笑小梅是个傻孩子。

替小兔找妈妈

大白兔妈妈生下了两只小白兔后，身体很虚弱。不巧，一只大灰狼路过这里，闻到了兔子的气味，就寻找起来。

大白兔妈妈凭着灵敏的嗅觉马上感到情况不妙。为了保护孩子，妈妈只好舍身救子，佯装瘸腿跑了起来。大灰狼一看前面有一只

瘸腿的兔子,马上追了上去。大白兔一看把大灰狼引来了,马上撒腿跑开了。跑了一会儿,大白兔因刚刚生下孩子,体力不支,被大灰狼追上,大白兔凭着多年的打斗经验,同大灰狼面对面斗了起来。几个回合之后,大白兔败下阵来,体力越来越不支,只有喘气的力量了,一步不慎,竟被大灰狼按在地上,愤怒的大灰狼一口咬断了大白兔的脖子。就这样,大白兔被大灰狼吃掉了。

转眼间,两只小兔竟成了孤儿。小兔子的生存成了大事。

猎狗巡山回来,发现饿得吱吱叫的小兔子,马上把这个情况告诉了狮王。狮王一面派兵去追杀大灰狼,一面对手下的几个大臣说:"现在小兔子成了孤儿,大家想办法,看看怎么救救这两个孤儿?"

"我们都无法抚养它们。"大象说,"因为它们现在都在吃奶。"

狮王一听,感觉对呀,于是,不免急得团团转。

这时,刚进城办事回来的猴子军师看到狮王在屋子里团团转,问明了情况后,连忙说:"这件事好办。"

狮王顿时高兴了起来,忙问:"猴子,你说一说办法。"

"我进城办事的时候,"猴子津津乐道,想展示一下自己的见多识广,"看见城里贴出来一些启事,给无人喂养的孩子请奶妈。我还知道,住在驼峰山的一只灰母兔刚生下了孩子,奶水正足哩,把那两只小白兔抱到那里去,不就得救了吗?"喜洋洋的猴子心想:这一次又要在狮王眼前露脸,不免得意洋洋,飘飘然起来。

狮王一听,感到这个方法很好,就说:"妙!妙妙妙!"

于是,狮王就安排小鹿把两只小白兔抱到驼峰山灰母兔那里。

第二天,小鹿急急忙忙跑来报告:"大王,母兔不给两个小兔喂奶,我把两个小兔放到它的身边,它也不给小兔喂奶。我再把小兔放到它的身边,它竟咬起来。我怕被母兔咬死,只好将两只小兔子单独放起来。然后,回来报告大王。"

"哦,这是怎么回事?"狮王感到不解了。

山羊说:"我刚才听到了你的做法不对,你们忘了一件事情。这才惹得兔妈妈发火。"

"这有什么不对的呀?"动物们感到迷惑了。

"是这样的。"山羊就如此这般地解释起来。

大家听后,这才明白过来。

狮王吩咐人将猴子军师找来,把它臭骂了一顿,说:"你猴子就知道模仿别人,自作聪明,不会搞一点实际和创新。差一点要了两只兔子的命。"

猴子难堪极了,恨地无缝钻进去。只有点头的份儿。

现在考考你,把不是母兔自己生的孩子放到另一窝母兔生的孩子中,应该提前做一件什么事情呀?

答 案

母兔哺乳仔兔,是根据气味来辨别是不是自己的子女的。在把小兔放入另一只母兔的窝中之前,应该先在小兔身上涂抹一点母兔的尿液,这样,兔妈妈就会以为是自己的孩子,乐意给它们喂奶了。

蚯蚓之争

今年的暑假里,学校组织了一个夏令营活动。艳丽、晓静和小燕都是班级里品学兼优的好学生,都被选为夏令营的成员。他们三人是好朋友,又都一起参加夏令营活动,他们可高兴了。

夏令营的第一营地,设在驼峰山的一座大山里,山下有一条宽阔的大河,河水潺潺;蝴蝶在河面上起舞;鱼儿在河水里游动;落叶在河面上漂动……这里的景色美极了。

在傍晚时分,艳丽对晓静和小燕说:"走,我们利用傍晚这个时间,到河边钓鱼去。"

"哈哈,好呀!"小燕马上表态,"钓鱼可是我的拿手好戏。"

"唉,钓鱼,我们没有鱼食呀。"晓静迟疑地说,"我们可不能是姜太公钓鱼——愿者上钩。"

"咦,没有鱼食我们可以创造嘛!"艳丽毫不含糊地说。

"呀,怎么创造啊?"晓静急忙问。

"好办。"艳丽说,"带上铁锨,我们挖蚯蚓去。蚯蚓是钓鱼的好饵料。"

艳丽、晓静和小燕带上工具,来到河边,用铁锨挖起来。

不一会儿,他们挖出了两条蚯蚓,这两条蚯蚓一粗一细,晓静突然问:"你们说哪一条蚯蚓是雄的,哪一条是雌的?"

艳丽说:"那条粗的是雌的,细的一条是雄的。"

小燕马上反驳:"不对,粗的哪条是雄的,细的哪条是雌的。"

于是,艳丽和小燕争论起来,互不相让,各说各的理。

晓静见他们争论不休,也不知说什么好,感到束手无策。因为她也不知道蚯蚓的雌雄。

正在这时辅导员徐老师走到河边来。晓静、小燕和艳丽快言快语,将他们争论的问题告诉了徐老师。徐老师听后,对他们说:"你们说得都不对。"

"哦,这是怎么回事呀?"他们三个几乎异口同声地说。

徐老师就将这个问题的答案告诉了他们。三个人听后,觉得这次出来收获不少,又学到了新知识。

你猜猜看,辅导员徐老师告诉了学生们蚯蚓的一个什么秘密呀?

蚯蚓是常见的一种陆生环节动物,生活在土壤中,昼伏夜出,以畜禽粪便和有机废物垃圾为食,连同泥土一同吞入,也摄食植物的茎叶等碎片。蚯蚓可使土壤疏松、改良土壤、提高肥力,促进农业增产。蚯蚓是不分雌雄的。它们是雌雄同体,异体受精。生殖时借由环带产生卵茧,繁殖下一代,是卵生。

另眼看爸爸

萧雅是班级里的学习委员,学习成绩名列前茅。但是,她有点爱慕虚荣,喜欢攀比。她想,同学们都有一个好爸爸,不是局长,就是处长;不是主任,就是委员;不是专家,就是教授。人人羡慕得要死。而自己的爸爸,太寒酸,太低级,是个小小的化学仓库保管员。妈妈又是一个普普通通的工人。太让人没有面子啦!也不能在同学们面前调侃一阵。这一点上,萧雅感到太难为自己了。

难怪,在学校开家长会的时候,萧雅就会出歪点子,不是对班主任说爸爸出差了,就是说爸爸病了住院了。妈妈工作忙,来不了。

班主任于老师,教学上颇有一套,抓班级也有方。对学习好的同学也另眼相看。萧雅因是学习委员,学习上如同鹤立鸡群,其他同学望尘莫及,所以于老师都听萧雅的,她的家长来不来都没有多大关系。开家长会的目的,就是对班里表现差的同学家长开的,让其家长知道孩子在学校的表现是一般般,不是太令人满意,好让家长督促。

这样一来,同学们都不知道萧雅的家长是干什么的。

一天,坐落在学校的化学实验室突然失火了,那里摆放着全校的

114

化学药品。多亏实验室管理人员发现得早，及早拨打"119"电话，消防队员迅速赶来进行灭火抢救，才使大火及早扑灭。

由于忙乱中，把装有剧毒的敌敌畏与装有汽油、酒精、水、冰糖水的瓶子乱放在一起。更糟糕的是，瓶子上的标签都被弄掉了，谁也分不清这些瓶子里装的是什么。

大火虽然扑灭得很快，但眼前是一片狼藉。为了防止乱用药品发生意外事故，就要把不知名字的药品统统处理掉，不过，这样处理损失太大。

这个问题有人在网上发出了求教的帖子。萧雅的爸爸工作之余喜欢在网上浏览一下，看一看科技新闻等。他一下子看到萧雅学校的求教帖子，第二天一大早，他就急忙赶到学校。同校长取得联系，来到堆瓶子的地方，不一会儿，就把装水、敌敌畏、汽油、酒精、糖水的瓶子分得清清楚楚，并给瓶子贴上了标签。同时，还为其他化学药品进行了分类，这为学校挽回了一笔不小的损失。

为了感谢萧雅爸爸无私的支持，并对萧雅爸爸进行一次别开生面的表扬，为此，学校专门请萧雅的爸爸给学校作一次安全知识的专题报告。萧雅的爸爸用触目惊心的事例，幽默的话语，赢得了同学们的阵阵掌声，同学们都羡慕萧雅的爸爸这样有能耐。经校长的介绍，同学们才知道，萧雅的爸爸还是省里的劳动模范呢，业务上很有一套。

同学和老师都用羡慕的眼光看着萧雅，萧雅这时候感到惭愧了，觉得以前的自己是何等的渺小，有这样的好爸爸，还嫌爸爸没有本事。自己真是无知，她羞愧地低下了头，不敢看在作报告的爸爸。

萧雅在心里说，爸爸，请原谅孩子的无知。现在我才知道，我有这样的好爸爸，我是世界上最幸福的人。

是啊，每个人都有一个发展的历程，即由不成熟到成熟的过程。萧雅通过爸爸的报告，使她知道爸爸是对工作多么负责任的人，多么

有能力的人。这就是她人生的转变。

回家后，萧雅问爸爸："你是用什么方法把那些瓶子区分开的呢？"

萧雅的爸爸说："不论干什么都要用脑子，多想一想，就会找到解决问题的办法。"

不妨你同萧雅一起想一想，用什么方法来区分敌敌畏、汽油、酒精、水、冰糖水等瓶子？

 答 案

> 萧雅的爸爸首先用眼睛分辨出粉红色的敌敌畏；再用鼻子闻出汽油和酒精；最后用舌头尝，分辨出糖水和水。这里主要是利用了物质的物理性质。

别开生面的班会

五年级一班的班主任高老师对同学们说："近期我们的活动课上有点乏味，同学们感到没有新奇，我想在下一次星期五班会上我们大家各自准备一下节目，形式不拘，大家自己选择。"

同学们听后，十分高兴，各自都准备起来。

大家在期盼中，终于迎来了星期五班会。

同学们在班会上，各自表演节目。有的说相声，有的表演口技，有的独唱，有的朗读散文诗……

当临到小慧表演时，她给大家表演的是智力抢答题。

"请大家听好。"小慧说："问题一：向日葵的花盘是随着太阳转的。

如果天地一片黑暗,让它见不到一点光,它的花盘应该向什么地方生长呢?"乖乖,这个问题有点怪,同学们大眼瞪小眼,在积极动脑思考。

大家安静了5分钟后,徐花站起来说:"我知道这个问题的答案。"她随后就如此这般地说起来。

"问题二,请大家听好。"小慧继续说,"在一间漆黑的屋子里,把猫头鹰和蝙蝠蒙住眼睛放进去,开着窗户,谁先飞出去呀?"

小慧刚说完,睿睿就站起来说出来答案。十分了得,睿睿的水平真高,这么难的问题就给答了出来。

小慧说:"答案完全正确!"

同学们呱呱呱地鼓起掌来。

接着,小慧又说:"请大家听好问题三:用两根1米长的细线吊住两只红苹果,使它们相距5厘米左右,向两只苹果中间用力吹气,大家想一想,这两只苹果是向一块靠拢,还是相互远离呢?请大家回答这个问题。"

同学们感到好奇,马上动用脑细胞思考起来。

现在,考考你,你知道这三个问题的答案吗?

 答 案

问题一:如果把向日葵放到黑暗的环境里,没有光的照射,花盘只能直立向上生长。

问题二:蝙蝠应该先飞出窗外。因为蝙蝠寻找目标不是依靠眼睛,而是靠着咽喉发出的超声波。当超声波从咽部发出后,遇到障碍物就会反射回来,被耳朵接收,从而判断出目标。蒙不蒙眼睛对它影响不大。

问题三:当你向两只苹果中间吹气时,它们中间的空气就会加速流动。这时,空气压力减少,两边的空气压力就把两只苹果推到了一起。

套圈的圈套

"套圈，套圈，快来套圈，幸运之神就会来到你的身边！"一个女郎在一座大城市的大街上高声吆喝。

过路行人听到吆喝声，过来一看，一位女郎左手拿着一把藤圈，右手指着地上一尊裸体女人艺术石膏像，正在向路人介绍，招揽顾客。

那场面很吸引人。于是，过路的人都围拢了过来。女郎见围过来的人不少了，十分高兴，微笑着说："只要大家站在离塑像 5 米远地方的白线外，将这藤圈抛出，套上什么东西就拿什么东西，如果你套在女神上，你将把它拿走作为纪念。走过，路过，千万不要错过！套一次只需交 1 块钱。机会难得，试一试运气哦！"

女郎的声音清脆而响亮，话语很有煽动性。于是，大家跃跃欲试。大家觉得，机会难得，只花 1 块钱，看一看自己的运气怎么样？值得！

在女郎的煽动下，几个青年人开始动作了。有的花 5 块钱套 5 次；有的花 10 块钱，套 10 次。只是大家套了些不起眼的小东西，感到不过瘾。女郎又开始调动大家的积极性，更加煽动起来。干脆，有的人一下子花掉 20 元，套了 20 次，还是没有套中大件。看来这运气之神离他太远，沾不上边儿。

一个少年朋友名叫小鲁很会动脑筋，他看到女郎老是在女神身边，不论人们怎么套都套不住。明明眼看就要套上了，但在落地的时候竟一歪，落空了。这个小朋友看出来点门道，他拿起藤圈特意把它扔出老远，就在女郎离开塑像捡圈的时候，他不紧不慢将一个藤圈抛

了出去，正好给套上了女神。顿时，大家齐声高呼："这小伙真有福气！"

小鲁左思右想，感到奇怪，为什么摆摊子女郎在塑像旁，自己怎么套也套不上，而女郎一旦离开，一投就中，或者投中的机会就加大呢？这里一定有猫腻。

想到这里，小鲁感到气愤，他拿起女神的塑像，到警察局报案去了。

小鲁套到了女神的塑像，竟还到警察局报案，你说这是怎么回事呀？

 答 案

小鲁将自己的看法报告给了警察，警察过来将藤圈剥开，里面是套着钢丝的假藤圈。原来，女郎的腰间有一块大磁铁，当人们抛出藤圈子后，通过磁场的作用，使之产生了误差而永远套不中。显然是骗人的伎俩。

磁铁具有吸引磁铁的性质，女郎正是利用了这个性质进行欺骗，以骗取过路人的钱。

谁先被点燃

小刚和大刚是一对好朋友。他们在一个班级，经常在一起玩耍。不过，他们的性格不一样。小刚是学习委员，学习上顶呱呱；而大刚呢，是班级里的淘气鬼，最不愿意学习。

有一次，班主任蒋老师对小刚说："你同大刚是一对好朋友，他不

爱学习。你抽时间帮一帮他吧。"

"好的。"小刚说,"我怎么帮他呢?"

"帮他的方法,你自己考虑。"蒋老师说,"你们是好朋友,用什么方法效果好,你是应该知道的。"

用什么方法呢?小刚动起脑来。小刚想,关于学习多么重要的大道理,班主任蒋老师不知对大刚说了多少遍,他都听不进去。如果我再继续讲道理的话,大刚肯定听不进去。反而出力不讨好。弄不好还会影响好朋友的关系。

小刚知道大刚就喜欢玩,应该从玩入手。不过,玩个什么好呢?咦,有了!

一天,小刚对大刚说:"我这里有两枝蜡烛,还有火柴。我们玩个游戏怎么样?"

"噢,玩什么游戏呀?"大刚很感兴趣。

"咱俩一人一根火柴,一齐伸到蜡烛的火焰里,看谁的火柴头先被点燃。"小刚说,"你听明白了吗?"

"明白了。"大刚高兴地说。随后,他们就点燃起蜡烛来。

大刚急于让自己这根火柴先被点燃,一下子就把火柴头伸进了烛火的中心,而小刚只把火柴头伸向烛火的火头上。

很快,结果出来了。小刚的火柴头先被点燃,大刚的火柴梗先被点燃。而火柴头半天才被火柴梗上的火燃着了。

大刚感到奇怪呀?便问:"我不明白,我的火柴头怎么不被先点燃呢?这是怎么回事呀?哈哈,想不到,点燃火柴也有学问的。"

"哈哈,看你的忘性挺大。"小刚说,"这个问题我们不是学过嘛,只是你对学习不感兴趣,所以你也没有掌握,这不,正是关键时刻就掉链子,不讲究方法了。"

"哦,想不到学到的知识还真有用。"大刚感到自己不学习带来的后果。

"是啊,学习知识是有用的,只要知识多了,学灵活了,到关键时刻就能用上。"小刚对症下药,转到正题上。

"你告诉我其中的道理,好吗?"大刚急忙问。

小刚对这个问题加以解释,使大刚豁然开朗。终于明白了其中的道理。

通过这次玩游戏和谈心,大刚知道不学习不行,没有知识不行。咦,这样的开导管用,通过这次实验游戏,让大刚对学习开窍了。

你可知道小刚的火柴头先被点燃的道理吗?

 答 案

因为烛火的中心含有气体石蜡,温度很低,所以大刚的火柴头燃烧不起来;而烛火中心外的火焰温度很高,所以小刚的火柴头很快就被点燃了。

蜡烛的火焰分为外焰、内焰和焰心三部分。外焰温度最高,内焰次之,焰心温度最低。

鸡与鸡蛋的趣事

双休日,晓明坐在爸爸的车里到家住农村的奶奶家。晓明奶奶养了几只大母鸡,经常在院子里咯咯咯地叫着。晓明回家的目的就是要观察大母鸡的活动。原来,语文姜老师给大家布置了一篇作文题目是"我所观察的动物"。

晓明想观察什么动物好呢?想来想去,还是观察奶奶家的母鸡吧。因观察母鸡比较省事,在奶奶家可以"就地取材",这是他回奶奶

家的主要任务。爸爸这次是为晓明服务的,一提到学习的事情,爸爸会全力以赴毫不含糊地支持。

爸爸开着车,经过一个多小时就来到了奶奶的家中。奶奶乐呵呵地出来迎接,晓明对奶奶说:"奶奶,我还有观察大母鸡的任务呢。"说完就去找奶奶家的大母鸡。

"观察大母鸡?"奶奶感到好奇。"大母鸡有什么好观察的。不就是一天天咯咯咯地叫吗?"

当爸爸给奶奶说明了情况后,奶奶高兴地大笑了一阵后,一脸的皱纹舒展开来,说:"这个孩子坐车跑一百多里地不是看奶奶,竟看一只大母鸡,哈哈,多有意思。"

晓明已经进入观察状态。只要观察就有发现,他观察到一种现象:大母鸡无论是生蛋前,还是生蛋后,都会伸长脖子咯哒,咯咯哒地叫个不停。

晓明感到奇怪,下蛋就下蛋干吗要咯哒,咯哒地叫个不停。他带着问题,掏出笔记本来,去问养鸡的奶奶。那样子,那架势,不亚于中央电视台的专访记者。他要提问,奶奶解答。但奶奶说:"哈哈,你问错对象了。我对养鸡有经验,但我不会解答问题。我的孙子这样抬举我,如果我会解答问题的话,我就不不养鸡了,而是当教师了。"

听听,不当老师都这么能说,当起教师将会怎么说。晓明算佩服奶奶了。

"母鸡下蛋前后为什么会咯咯叫着?"成了晓明悬而未解的问题。

不过,晓明是个爱动脑筋的孩子。他想,鸡为什么要下蛋,蛋里有那么一个大的蛋黄被蛋白包着,最外面还有一层蛋壳,要多怪有多怪。鸡蛋是怎么回事呀?

这会儿,他不去问养鸡的奶奶了,而是想问不养鸡的爸爸,晓明这会儿变聪明了,奶奶文化不多,让他给解答十万个为什么样的问题,是难为了奶奶。奶奶是个实干家,要实践有实践,但没有理论。

他刚要去问在奶奶家喝水的爸爸,母鸡从鸡窝里出来了,又咯哒,咯哒地叫起来。鸡窝里面有一个鸡蛋。哈哈,不用说,是母鸡在窝里刚下的。晓明急切要做的事儿是把母鸡下的蛋捡起来。捡鸡蛋也是一种享受,温热的鸡蛋,给捡鸡蛋的人也是一种刺激。晓明捡起热乎乎的鸡蛋,感觉特美,仔细一看,哦,这只鸡蛋怎么这样大?这是怎么回事呀?是不是个双黄蛋?对,对对,有可能。晓明急忙去问奶奶,奶奶说:"是啊,这只大母鸡经常下双黄蛋。"为了验证鸡蛋是不是双黄蛋,晓明说:"奶奶,要我验证一下,看看是不是双黄蛋?"说完,跑到奶奶的厨房,找了一个白碗,对着碗边咔咔两下,鸡蛋被敲碎,蛋黄和蛋清被倒到碗里。哇!正是双黄蛋。

"怎么会形成双黄蛋呢?"晓明感到好奇,便拿起盛鸡蛋的碗,想去问爸爸。

晓明看着碗里的双黄蛋,高兴得手舞足蹈起来,跳着说:"这鸡与鸡蛋真有学问。我回去以后,就写这样的题目。"晓明对语文姜老师布置的作业充满了信心。

咦,晓明写作业那是后话。

中午吃饭的时候,晓明的奶奶给他煮了几个鸡蛋。晓明爸爸见到后,特意找来一个生鸡蛋,再拿起一个熟鸡蛋将其混合在一起,对晓明说:"晓明,我这里有一个熟鸡蛋和一个生鸡蛋混在了一起,现在不要打破鸡蛋怎么来区分生鸡蛋和熟鸡蛋呀?"

"哦,怎么不小心将生鸡蛋和熟鸡蛋混在了一起。"晓明不知是爸爸特意要考他的。晓明感到怪呀?怎么今天全是遇到鸡和鸡蛋的事情呀?真是好事成双呀?晓明想了想,对爸爸说:"这点小事还会难倒我吗?"说完,便拿起两个鸡蛋分别平放在桌子上。用手分别捻动鸡蛋,这如同捻转儿。让鸡蛋转转儿。哈哈,在这似乎做游戏的当儿,生鸡蛋和熟鸡蛋就区分出来了。

呵呵，这里涉及四个问题：

问题一：母鸡下蛋前后会为什么会咯咯叫着？

问题二：鸡蛋是怎么形成的呀？

问题三：怎么会形成双黄蛋？

问题四：怎么区分生鸡蛋和熟鸡蛋？

哈哈，考考你，你能够回答出这四个问题吗？

♥ 答 案

问题一：母鸡生蛋的叫声，是一种兴奋的表现。因为生只蛋不是一件简单的事情，要消耗不少体力，所以一生下蛋，它就会十分兴奋，因此就咯咯地叫个不停。

同时，由于母鸡生一只蛋，会消耗不少体力，所以生蛋之后，要经过一段时间的休息，它才离开窝。这时候，它的精神呈兴奋状态，因此就咯咯地叫个不停，除了体现母性的自豪外，还要通知伴侣，让公鸡在母鸡"高歌"的时候配种，繁殖它们的儿女。

问题二：鸡到了开产期，卵巢上生成像葡萄样大大小小不同发育阶段的卵泡。成熟的卵泡从破裂处排出卵子，卵子通过漏斗部进入输卵管。此时，如有公鸡的精子，卵子就与精子结合，形成受精卵，受精卵继续下行，到达输卵管的蛋白分泌部，在此被蛋白包裹，包上一层厚厚的鸡蛋清，而后再下行到输卵管的峡部，在此处包上蛋白形成的纤维性壳膜，再进入子宫，卵子在子宫停留时间最长，约20小时，在此再包上一层较硬的蛋壳。阴道上连子宫下接泄殖腔，已经形成的鸡蛋，在蛋壳表面又被包上一层薄薄的胶质，于是一个完整的鸡蛋就从泄殖腔孔排出来了。

一个鸡蛋，从排卵到产出，大约需经25小时。所以，在正常情况下，鸡每日能产一个蛋。另外，鸡每天产蛋的时间总后错0.5～1小时，而且每连续产蛋3～5或6～7个以后，总要停产一天。

♥ 答 案

问题三：双黄蛋是指一个蛋壳中含有两个卵黄的蛋，它通常比正常蛋要大得多。双黄蛋是由于两个卵细胞同时成熟，并一起脱离一种被称为滤泡的结构进入输卵管，输卵管如同是一个加工厂，蛋黄在下行的过程中，如同走工厂里生产线一样，依次被包上蛋白、壳膜和蛋壳等物质，从而形成一个完整的卵。甚至有时还会多个卵细胞同时成熟并一起进入输卵管，而成为多黄蛋。这样，我们就清楚了，母鸡的生殖器官分为卵巢和输卵管两大部分，由卵巢形成卵细胞和蛋黄，输卵管分泌蛋白并形成壳膜和蛋壳。

问题四：这是惯性的原因。生鸡蛋的蛋清和蛋黄与蛋壳不固定。旋转时，蛋壳转动，蛋黄和蛋清由于惯性保持原来状态，阻碍了转动。而熟鸡蛋不存在这种情况，转的时间就较长。

洗背心的学问

下午下了第二节课后，就是大家最喜欢的活动课。在活动课上大家可以无拘无束"疯"一节课，也是同学们最开心的课。这天下午下了第二节课，庞老师打了一声招呼："走哇，下楼到草场玩会儿去！"

同学们高兴地说："好喽！"说说笑笑走下了楼，来到了大操场上。沈军问庞老师："老师，今天又有什么新花样呀？"

庞老师笑着说："踢足球，跳皮筋。"

男生一听，高兴得手舞足蹈；女生却说："还是老一套！我们以为有什么新花样呢！"

谁知庞老师神秘地说："今天可不一样，今天哪，女生踢足球，男生跳皮筋！"听了这话，女生高兴得蹦起了三尺高。嘴里连呼："耶！"

男同学如一桶凉水浇到了后背，浑身起鸡皮疙瘩，伸直了舌头。庞老师拿来球，女子足球大战就这样开始了。你看，十几个"疯"丫头，追着足球跑，就像盘子里的炒豆，一会儿滚到这边，一会儿又滚到那边。虽然她们的技术太糟糕，登不上大雅之堂，但都非常卖力气。小个子梁捷最勇敢，像个男孩子在场内横冲直撞，可她的脚丫子连球皮都没踏着，只好空跑一场，不一会儿就大汗淋漓，成了个小花脸，那样子真滑稽。平时文质彬彬的曹燕，这时也像个野小子用力地冲杀，球到了她脚下，她甩开脚，使劲猛踢，砰的一声，球就飞了出去，瞧她那架势，多像个女球星！

梁捷踢了一场足球，浑身汗水淋漓，好不容易熬到放学，风风火火回到了家，

急忙换下背心，打了一盆热水，就想向脸盆里扔。

"梁捷，你想干什么呀？"在一旁洗衣服的姐姐急忙拦住了她。

"我要洗一洗背心呀。"梁捷解释。

"哈哈！我的运动员妹妹，不要用热水洗呀！要用冷水！"

"怎么不能用热水洗呀？"梁捷感到不解，"不是用热水洗衣服又快又好吗？干吗要用冷水洗？"

"怎么连这个科学道理都不懂呀？"姐姐说，"把脑子跑乱了吧？"

"这……"梁捷一时陷入了尴尬的境地。

嘿，你能告诉梁捷不能用热水洗背心的道理吗？

 答 案

汗水里含有无机盐、尿素、蛋白质等杂质。被汗水湿透的背心如泡在热水里，蛋白质就会凝固，附在衣服的纤维上，受阳光的照射后会变成黄色，很不容易洗掉。

带汗的背心放在冷水里浸泡后，再用肥皂搓洗，就比较容易将衣服上的蛋白质等杂质洗掉。如果在冷水里放进一点食盐，效果会更好些。

同样的火箭谁飞得快

提到火箭,大家都会通过书籍、电视等不同的途径熟知吧？火箭还是中国第一个发明出来的呢！

是啊,火箭是由中国人发明的,中国是古代火箭的故乡。中国古代科学家最早运用火药燃气反作用力原理创制的火箭。这是我们每个炎黄子孙都引以为自豪的辉煌成就。

后来,经过几千年的时间,经过一代又一代科学家辛勤努力,火箭终于"鸟枪换炮"可以飞上月球,飞上太空。火箭也发展成了运载飞船升空的大力神。

话说有一年,在我国的某个地方,同时发射了两枚火箭,有趣的是一枚是于艺丹的爸爸负责发射的,另一枚是王芮的爸爸负责发明的。这两枚火箭,是同样的型号,同样性能,像两个双胞胎的兄弟一样,只是发射的方式不同。于艺丹爸爸发射的那枚火箭是顺着地球自转方向发射的,王芮爸爸发射的火箭是逆着地球自转方向发射的。

两枚火箭发射出去以后,于艺丹和王芮一起坐在电视机的屏幕前,聚精会神地观看着。

于艺丹和王芮是好朋友,从小一起长大,形影不离,可是今天,她们一起吵了起来。于艺丹说:"王芮,你看,我爸爸发射的那枚宇宙火箭多快呀？"

王芮立刻站起来反驳说:"错了,我爸爸发射的那枚快！"

"不对！我爸爸发射的那枚快！"

"你说的不对！是我爸爸发射的那枚快！"

于是,于艺丹和王芮你一言,我一语,争论起来,而且越争越凶。

哈哈,于艺丹和王芮为了捍卫自己的爸爸,争论得不可开交。

到此,你能用一个科学道理解释一下,到底是哪一枚火箭飞得快吗?

❤答案

　　顺着地球自转方向发射的火箭,要比逆着地球自转方向发射的火箭飞得快。于艺丹爸爸发射的那枚火箭,是顺着地球自转方向的,所以快些。

　　一般情况下,发射火箭都是顺着地球自转的方向发射。因为地球上的物体都沿着地球自转,沿着地球自转的方向发射火箭,以使火箭在离开地球时有一个初速度,即获得一个每秒300～400米的额外速度(地球自转的速度),发射火箭的推力就可以少一点,可以节省一些燃料。

行驶的两辆汽车

汽车现在很普遍,随处可见。

小飞非常喜欢汽车,做梦似乎都在开汽车。小飞常常站在路边看大道上如同穿梭一样驶来驶去的汽车,在脑中遐想。小飞认为开车真好。

小飞的爸爸是个汽车司机,小飞常常围着爸爸让他介绍一些有关汽车的故事。

一天,小飞的爸爸给他讲了这样一个故事。

"小飞,开车也不是一件很容易的事情。"爸爸亲切地说,"你不是爱车,爱开车吗?我给你讲一个智力测验故事,你答对了,我教你开车。如果答不对的话,哈哈,对不起,还要等些日子。等你懂得了相关的知识再教你开车也不迟。”

小飞一听说自己开车有门,马上说:“爸爸,你说吧,保准没有问题。”小飞也有点自信,他是班级里学习前几名的同学,脑瓜灵活着呢,再加上他特别喜欢看科学书,他想搞清楚这些问题是三个指头拾田螺——稳拿稳打。

爸爸沉思了片刻,说:“有一年,我在草原上开车去送一趟干货,这里的道路十分平坦。突然,后面追上来一辆和我的车型同样的车。当这辆车和我的车并排时,和我的车速变得一样。

那辆车里的司机是一个当地的蒙古族老司机,蒙古族对人很热情,看我的车是远方来的,就和我并排行驶,因没有别的汽车,哈哈,竟聊起天来。这时,我突然发现一个奇怪的现象:一会儿,我觉得我的车是在跑着;一会儿,我又觉得我的车一动不动。哇!这是怎么回事?是自己的错觉,还是别的问题。当时,我感到很奇怪。”

“哦,怎么会遇到这样的事情?”小飞也感到奇怪。不免产生了这样的疑问。

“是啊,我感到莫名其妙后,我仔细开着车。”爸爸继续回忆着,“随后,我终于搞明白了这个问题。咦,我觉得开车还真有学问哩。”爸爸说完之后,脸上露出了得意的脸色。

“小飞,你想一想,我看到了什么。才觉得我的车在跑着?”爸爸问起了问题,“又看到了什么,才觉得我的车一动不动呢?”说完,两眼看着小飞。

小飞感到这个问题很有意思,与开车有关。在他看来,与开车有关的问题,都是有趣的,都应该知道。他想了想,对爸爸笑着说:“爸爸,我知道这个问题的答案了。看来,你教我开车那是必定的,你听一听我的答案。”于是,小飞就抑扬顿挫地说起来。那样子,那声音,

都透露出得意和骄傲。

咦,考一考,你知道这个问题的答案吗?

答 案

当爸爸看到地面上的草时,就会感到自己的车是在跑着;当爸爸看着和自己的车并排行驶的那辆车时,就会感到自己的车一动不动。

实际上,这里涉及参照物的问题。参照用来判断一个物体是否运动的另一个物体,叫作参照物。一个物体,不论是运动还是静止,都是相对于某个参照物而言的。对于参照物,要注意两点:一是说物体是在运动还是静止,要看是以另外的哪个物体作标准。这个被选作标准的物体就是参照物。二是判断一个物体是运动的还是静止的,要看这个物体与所选参照物之间是否有位置变化。若位置有变化,则物体相对于参照物是运动的;若位置没有变化,则物体相对于参照物是静止的。

还有一点,要清楚。运动是绝对的,静止是相对的。研究物体是否运动和怎样运动时,总要选择一个事先假定为不动的物体作为参照物。参照物的选择是任意的,参照物选择的不同,描述物体运动的结果可能就不同。

醒 悟

徐睿是班级里的尖子生,每当学校召开期中或期末表彰大会的时候,徐睿都要到主席台上介绍自己的学习体会和学习方法。时间

久了，徐睿开始骄傲起来，他时常想："我自己也就是上课认真听老师讲课，也没有太多的努力，学习成绩就超过了其他同学，这说明了什么问题，嘻嘻，问题显而易见嘛，自己是个天才，要不，怎么会这样？咦，干脆，自己可以稍微放松一下，不用那么费心听老师讲课了。哈哈，天才嘛，要有天才的玩法，在考试之前看上几眼，问题也就解决了，不必煞费苦心，累得自己焦头烂额。"

徐睿是这么想的，也是这么做的。上课不再认真听讲。老师在讲课的时候，徐睿的思维经常插上翅膀，遨游在他想象的好玩世界之中；想他心爱的游戏，怎么玩得更加刺激；想他放学回家怎么玩个痛快、玩个淋漓尽致。是呀，心有所想，行动也会有所表现。可不，徐睿还经常想得的傻笑，有时还情不自禁地笑起来。同桌问他笑着什么，他才从慌忙中醒悟，也不解释。

这一天上科学课，科学徐老师一上课就说："我们玩一个小游戏再上课，好不好？"

"好！"同学们异口同声地说。

徐老师上课很有一套，经常来个别具一格的开头，唤起大家的兴趣，然后再接着上课。他说："相同体积的酒精、汽油、花生油三种液体，哪个比水轻，哪个比水重？"

徐老师说完问题后，第一个就提问徐睿，徐睿从慌忙中站起来，左思右想，回答不出来。徐老师眼睛瞪得大大的，他感到奇怪呀？徐睿怎么回答不出来呢？这可是全校出了名的尖子生，就是老师不教，徐睿也应该会的。这会儿，让徐老师大跌眼镜，他怎么也不相信徐睿竟然回答不出来。

不过，徐睿是个聪明人，徐老师虽然没有说他，是因自己沾了以前学习好的光，否则，他非弄个吃不了兜着走不可。这时候的徐睿，突然猛醒，不学习是何等的荒唐，学生不努力是不行的，再怎么聪明也应该努力学习。现在自己是何等的渺小，这么简单的问题都答不

上来，这怎么向老师交代，怎么向家长交代。想到这里，徐睿脸刷地红到了脖子根，感到无地自容，恨地上没有一个缝隙让他钻进去。知道脸红就好，徐睿后悔了，反省了。

犯错误在所难免，知道改正就好。

请你赶快帮助徐睿回答一下，怎么样？

♥ 答 案

在相同体积的条件下，酒精、汽油和花生油都比水轻。

这里涉及到物质的密度。在物理学中，把某种物质单位体积的质量叫作这种物质的密度。密度是物质的一种特性，与物质的质量、体积、大小、形状、空间位置无关。但与温度、状态有关，大部分的物质随温度升高而密度降低，即热胀冷缩，而水在0℃～4℃时有反膨胀现象。另外，同种物质密度相同，质量与体积的比值为定值；不同物质密度一般不相同，质量与体积的比值一般不同。

根据密度的大小，人们可以鉴别物质；选择密度不同的物质，可以满足制造的不同需要；通过测定密度，科学研究中还可能发现其他新物质。

吃盐的诱惑

几个盗猪者鬼鬼祟祟，一连几天在树林子里转来转去。他们没有带枪，也没有带别的利器，只是左窥右探，在悄悄寻找什么。原来，他们发现了这一带大象的活动通道，正在观察大象的活动规律。

　　一个小猴子见他们鬼鬼祟祟，便好奇地跟踪他们。只听几个盗猪者说："要是逮到一只小象，卖给动物园，肯定赚大钱。"

　　小猴子一听明白了。原来，这几个人要捕捉小象。于是，小猴子便在树上一直监视他们。

　　盗猪者在大象的通道上，挖了一个陷阱，在阱口布下伪装；哈哈，又在林荫道上，每隔一定的距离就投下一些诱饵。最后，盗猪者在陷阱的四周埋伏下来。

　　半个小时后，一头大象走来。别看它个儿大，才三周岁哩！说是大象，其实是小象。它像往常一样，慢条斯理地走过来，它用长鼻子东嗅嗅，西闻闻，忽然闻到了食物的香味，便沿着香味向前寻找起来。哈哈，果然，有一个好吃的食团子，就津津有味地吃起来。一个小食团子，竟勾起了大象的食欲。就继续向前找，它找一个吃一个。并继续找着吃起来。正吃得高兴起来，忽然脚下松动了，这是怎么回事？还没有等小象明白过来是怎么回事，竟坠落到猎人设置的陷阱里，被盗猪者活活捕捉了。

　　这一切似乎发生得很突然，但小猴子也明白了一个问题：是贪嘴让小象上当了。

　　不过，小猴子不明白，多么好吃的食物竟然让小象上当了？

　　小猴子要搞明白这个问题，便对身边的哥哥说："你说盗猪者的诱饵是什么东西竟这样吸引大象呀？唉，都是贪嘴惹的祸。或许是肉馅的大包子，又香又流油吧？"

　　哥哥想了想说："不对吧，象是不爱吃肉的，它是吃素的。你没有看到大象爱吃树叶和嫩草吗？"

　　"要不，是又香又甜的水果团子吧？"小猴子说。

　　"哈哈，那是你凭着自己的想象吧？"哥哥分析着。

　　"是啊，我是在猜想。"小猴子说。"干脆，我们过去亲自尝一尝不就行了吗？"

"对!"哥哥说,"我们下去尝一尝吧。"

于是,小猴子和哥哥一起从树上下到了地面,寻找起诱饵来。

哦,他们终于找到了一个食团,哥俩争着尝起来。小猴子咬了一口尝了尝,说:"哇! 呸呸,这是什么东西。"

哥哥咬了一口说:"呸呸! 这是什么味儿。"

哈哈,这到底是什么东西呀?

♥答 案

原来,捕象的诱饵是咸味的。是用盐调好的团子。

大象喜欢吃盐,是为了补充身体所需的盐分。它们对盐的味道很敏感,一嗅到盐香,就会用鼻子把盐卷入口中作为美味,所以,野象谷的管理人员埋下食盐来吸引野象。

如鹿、骆驼等草食性动物,都有对盐的需求,动物园或饲养场常常在饲料中加适量的食盐。人们常把骆驼称为"咸骆驼"就是这个道理。

猴子大王错了

在绿叶森林里,住着一群猴子。猴子大王叶菲有一个爱好——特别爱吃樱桃,所以它特别爱护樱桃树,就像爱护自己的孩子一样。

有一天,猴子大王叶菲到樱桃园里,想摘樱桃吃。它突然发现,樱桃园里的樱桃几乎有一半被麻雀吃掉了。还有几只不识趣的麻雀在樱桃树上飞来飞去,猖狂地啄食樱桃,这如同啄食大王的心肝宝贝。叶菲大发雷霆,凶狠地下令:"将所有的麻雀全部消灭掉!"

大王的手下对大王忠心耿耿，坚决执行大王的命令。动员全体猴族子孙，齐心协力，一起出动。用枪，用网，凡可以用来捕麻雀的东西，全部用上了。没有几天的功夫，绿叶森林的麻雀都被消灭干净了。

为了确保消灭麻雀的胜利果实，叶菲大王下令："凡是路过绿叶森林的麻雀，也被视为不友好的象征，统统消灭。"

这样一来，叶菲大王的残酷行动，让麻雀们不寒而栗，要经过绿叶森林也只好绕道走，不敢在这里停歇。从此，绿叶森林的麻雀被彻底消灭了。对此，叶菲大王还特别奖赏了在这次消灭麻雀的战斗中有特殊贡献的猴子们，猴子王国一片欢欣鼓舞，歌舞升平的样子。

叶菲大王想，樱桃没有了麻雀的捣乱，明年应该吃上好樱桃了。叶菲大王心里那个美劲就甭提了。

第二年樱桃成熟的时节，叶菲大王高高兴兴想起了它心爱的樱桃：一阵风吹过去，一股淡淡的清香沁人心脾，放眼望去，盈盈的翠色中，万点碎红夺人眼目。拾一颗放入口中，微微的甜酸味立刻提高了它的味觉。待细细品尝后，那弱甜的口感又让人回味无穷。叶菲大王想得真美，简直有点诗情画意。他太激动，太爱樱桃了。

当叶菲大王在各路大臣的陪同下来到樱桃园，想好好吃一顿樱桃，可到了樱桃园，让它大吃一惊：我的妈呀！那里有樱桃？树上不光没有樱桃，连树叶也没有几片，只有光秃秃的树干。

叶菲大王愤怒了，急忙问大臣："樱桃哪里去啦？"

身边的大臣忙问管理樱桃的官员，那官员说："大王，都是打麻雀惹的祸。"

"哦，怎么会这样呢？"叶菲大王感到不解。咂吧嘴巴，强咽口水。不知如何是好。

哈哈，叶菲大王没有了章程。你知道这是怎么回事吗？

麻雀虽然吃樱桃，但更多地是吃树上的毛毛虫。因麻雀的存在，使毛毛虫得到了控制。麻雀被消灭光了，毛毛虫把樱桃树上的花和叶子都吃光了，樱桃树当然就结不成樱桃了。

麻雀是吃害虫的能手。消灭了麻雀，害虫没有了天敌，就大肆繁殖起来、导致了虫灾发生、农田绝收等一系列惨痛的后果。例如，在20世纪50年代，我国曾发起把麻雀作为"四害"之一来消灭的运动。可是在大量捕杀了麻雀之后的几年里，却出现了严重的虫灾，使农业生产受到巨大的损失。

生态系统的平衡往往是大自然经过了很长时间才建立起来的动态平衡。一旦受到破坏，有些平衡就无法重建了，带来的恶果可能是人的努力所无法弥补的。因此人类要尊重生态平衡，帮助维护这个平衡，而绝不要轻易去破坏它。

哎，扇扇子的两种结果

小芽的奶奶和爷爷住在农村。暑假期间，小芽告别了爸爸妈妈到奶奶爷爷家。

当然，农村和城市的生活习惯和生活条件不一样。奶奶用的是炉子做饭。

有一天，奶奶要做晚饭了，取来煤块，放到炉子内，点燃玉米芯，燃烧后再加上煤块。为了让煤块快速燃烧，好快些做饭，奶奶喊小芽，用扇子把炉火扇一扇。

小芽急忙找来扇子对着炉子就扇起来。小芽扇了几下，哇！炉火就旺了起来。

小芽感到奇怪，忙问奶奶："怎么用扇子扇炉子，里面的煤块就燃烧得快呀？"

奶奶70多岁了，没有文化，只说："用扇子扇的风多呗。"哈哈，至于更深刻的解释，那是难为奶奶了。不过，小芽作为一个问题储藏到了大脑里，到时候要请教老师的。

吃完了晚饭，小芽和奶奶、爷爷聊起天来。不巧正当他们聊得火热的时候，停电了，没有办法，奶奶就点燃了蜡烛。蜡烛发出的光和电灯发出的光没有法比，真是大巫见小巫，差得远啦。

过来一会儿，来电了，屋里的灯光亮起来。奶奶又拿起扇子，一下子就把蜡烛扇灭了。

小芽可是一个爱动脑筋的人，她看后，眼前豁然一亮，又问奶奶："蜡烛为什么一扇扇不旺，反而一扇就灭呀？"

奶奶听后，笑着摇了摇头，说："我只知道怎么做，对于怎么解释这类问题就要靠读书了。"奶奶虽然没有读书，但有些回答很有哲理。对小芽思考问题很有启发。

是啊，都是用扇子扇，怎么用扇子扇火炉火会旺，用扇子扇蜡烛一扇就灭呀？

♥答案

原来，用扇子扇风，会产生两种作用。一个是补充氧气，帮助燃烧。一个是减低温度，不利于燃烧。对于用扇子扇炉火和蜡烛的两种情况，要看那种作用效果比较明显啦。

炉火热量大，温度高，远远超过了煤炭的燃点。所以用扇子给它风，虽然同时也送来了冷空气，赶走了一些热空气，但这对炉火来说是微不足道的。而扇子送来的氧气，却极大的帮助了炉火的燃烧。

蜡烛火焰小，热量少，扇子一扇，冷空气把热量赶走了，烛火温度突然下降到蜡烛的燃点以下，蜡烛立即就灭了，扇子送来再多的氧气也没有用。

参观动物园

  大辉和小强是同班同学，又是最要好的朋友。一有机会，他俩就在一起，手脚并用，比比画画，什么事情使他们这样执着？原来，它们俩正在讲关于动物有趣的故事。班级里的同学都知道，他俩有着共同的爱好，都喜欢动物。他们每天都要看电视里《动物世界》这个栏目，第二天，就会凑到一起谈论新知道的动物知识。时间一长，同学们都说他俩是"动物迷"。

  大辉和小强听说北京动物园的动物不少，就天天想着去看一看。偏巧，大辉和小强的爸爸在同一个单位当采购员。更巧的是，暑假的一天，他们的爸爸一起到北京出差。他们商量好，硬是磨着自己的爸爸不放，非让爸爸带着他们到北京不可。面对孩子的软磨硬泡，两个爸爸只好答应。是啊，孩子的要求并不过分，是去学知识，正赶上暑假，孩子出去开开眼界应该支持。当四个人一起到了北京后，他们马不停蹄，一分钟都没有休息，就赶到了北京动物园。

  他们向前走了一段距离，发现前面围了很多人，大辉拉起小强说："走，看看去！那里怎么那么热闹？"

  大辉和小强跑过去一看，这里有一圈低矮的围墙，中间有一个门，门上挂着一个大木牌，上面写着：这里有新进的动物，参观者必须答对一道题才有资格观看里面的动物。哦，原来，这里是搞科普宣传的。借助智力抢答题，来普及动物知识的。难怪，这种形式的做法吸引了不少游客。

  大辉拉了一下小强，示意钻进去，他们可不想失去这难得的机会。是啊，好不容易来到他们向往已久的北京，尤其是他们喜欢的动

物科普宣传,再挤也要钻进去。钻,加油钻!在人缝中穿梭,这是他们的强项。终于,他们挤到了前面,只见,黑板上写着:

这里有四则我国特有的珍稀动物谜语,谁要猜出两个就可以免费参观新进的动物。

这四则动物的谜语分别是:

1.是猫不捕鼠,墨镜不离眼,要问最爱啥,最爱鲜竹叶。

2.身披一件金丝绒,美丽聪明蹦跳跳。手是脚脚是手,爬山攀树称英豪。

3.有尾又有鳍,长咀白肚皮,生长在水里,像鱼不是鱼。(打一水里动物)

4.闺女俩出门去鲁南。

欢迎少年朋友的参与,机不可失,请展示你的风采。

在前面的许多小朋友答不出来,急得团团转。大辉和小强毫不犹豫地走上前去,一下子就说出了这四种动物的名字。然后,在一片羡慕的眼光中,走进了围墙里。是爱好动物给他们带来的益处。

哦,挺热闹的。不知你是否碰到这样的机会。你知道这四种动物的名字吗?

 答案

1 大熊猫; 2 金丝猴(川金丝猴、滇金丝猴、黔金丝猴); 3 白鳍豚; 4 娃娃鱼。

神掌劈筷

双休日,吃完了晚饭,妈妈正准备收拾碗筷,谁知腾腾拦住妈妈

说:"妈妈,你先别收拾碗筷。"

"要干什么呀?"妈妈感到好奇,瞪大了眼睛。

"是这样,妈妈,"滕腾说,"我利用碗筷可以给你们二老做一个小魔术,让你们放松放松。怎么样?"

"呵呵,那感情好呀!"妈妈高兴地说。

"知道我们辛苦就好。"爸爸赶紧补充了一句。

滕腾用手拿起筷子对着碗敲起来:"两位观众你们好,我来表演魔术,会看的看门道,不会看的看热闹。"一副魔术师的模样,滑稽味十足。

爸爸和妈妈被逗得哈哈大笑起来。随后,响起了呱呱呱的掌声。

"我在桌子上摆上两只厚瓷碗,距离要比一根筷子短。"滕腾摆着,"我拿出一根筷子,你们先看一看,我要放在两个碗之间。"说完,随手把筷子摆好了。

"我现在把筷子放在两碗之间。"滕腾说,"我使用魔法,用手掌对准筷子的中心劈下去,碗不倒,水不洒,筷子断!"

"你们信不信呀?"滕腾问。

"哈哈,当然不信。"爸爸笑着说道。

"哈哈,不信不要紧,眼见事实真。"滕腾不紧不慢地说。

滕腾伸开手掌,迅猛地劈了下去。

"哇! 筷子真的断了!"爸爸和妈妈热烈地鼓起掌来。

咦,碗不倒,水不洒,筷子断。这是怎么回事呀?

**答 案**

给筷子的中心施加压力,传到左右两边大碗上的力就能被减少一半。各边大碗上的重量,在固定地方往下落的力起作用,可以避免施加在筷子上的力把大碗弹起来。由此,筷子断了,大碗不倒,水不洒。(切忌模仿,以免发生危险。)

雾到哪里去了

　　雯雯是个非常爱学习、善于发现问题的好孩子。可是,她家住在一座深山里,离学校很远很远。所以,雯雯每天都要起得很早很早。这样,她反而是提前到校,比离学校近的同学去得还早。在这方面她是其他同学的榜样。

　　有一天,早晨起床,吃过早饭,雯雯就要出门上学了。刚出门不久,她就慌里慌张地退了回来,对妈妈说:"糟了,妈妈,外面来了一大片白茫茫,灰乎乎的东西,把太阳和大山都吃掉了,连那条山路也被它吞掉了! 我走不到学校去啦!"

　　妈妈一听感到很紧张,究竟是什么东西呢? 她出去一看,笑了,说:"孩子,别怕,那是雾啊! 太阳一出来,它就会逃走的。"

　　雯雯又问:"为什么太阳一出来,它就逃跑了呢?"

　　妈妈说:"因为雾怕太阳的光照它呀"!

　　雯雯还是感到一头雾水,雾是怎么形成的,为什么怕太阳?

　　咦,你能告诉雯雯这是为什么吗?

 答 案

　　雾是近地面空气中的水蒸气发生的凝结现象。雾的形成有两个基本条件：一是近地面空气中的水蒸气含量充沛；二是地面气温低。

　　清晨，空气较为湿润的地区经常出现晨雾。其实雾和云一样，都是由大气中无数微小的水滴或冰晶组成的。雾是空气中的水汽在地面附近达到饱和状态，从而形成肉眼能够看得见、但又很难看得清楚的小水滴。日出以后不久，雾受到阳光的照射开始蒸发，进而升入高空，形成云。大气中出现这些水汽的凝结物时，能见度会降低。人们在能见度降到 1 000 米以下时才称其为雾，能见度在 1 000 ~ 10 000 米时称其为轻雾。

噢，真会分身术吗

　　明明和笑笑是一对好朋友，他们有一个共同的爱好，这就是喜欢钓鱼。每到双休日，他们就急急忙忙完成作业，拿起鱼竿，带上鱼饵，到河边钓鱼。说起那钓鱼的事情，那感觉，那感受，要多好有多好。这或许就是兴趣使然吧，对感兴趣的事情，越干越爱干，苦中有乐。

　　哈哈，有兴趣真好。

　　不过，明明的老妈常说："明明，你对钓鱼这么有兴趣，如果对学习这样有兴趣该多好，我不就是学习尖子的妈了，要不是都难呀！"不过，明明也会对老妈说："妈呀，世界上事情就是这么复杂，如果都对学习感兴趣，那就不会衬托出谁学习好，谁学习差了，都只想成名成家，那其余的活谁干呀？您老不是常和爸爸说，行行出状元吗？都去钻研学问，那别的工种谁去做，谁去开车，谁去开飞机，谁去开宇宙飞船？哈哈，那只有我去了。"

"哦，你这孩子尽想美事。"妈妈说不过明明，明明尽歪理儿。

笑笑的妈妈说："钓鱼能当饭吃？"

笑笑会马上说："妈妈，你老说对了，钓鱼真能当饭吃。你想一想，我钓到大鱼后，你就给咱们全家改善生活，我们会吃得多，身体长得快，你说这不当饭吃吗？"

"唉，我是说，"妈妈急忙反驳，"如果你把钓鱼这个兴趣转到学习上来，那我不就当优秀学生的妈了吗。这多光荣呀！"

"妈妈，你老不要眼睛老是一个劲地盯到学习上。"笑笑说，"学习固然重要，但也不能只顾学习，一点儿爱好也没有呀？不忘学习，干点爱好有什么不好嘛。"

笑笑也善说，把妈妈也说得没有词了。

可见，钓鱼也不轻松，不光是拼体力，还要同老妈拼智慧。唉，现在发展点爱好这样难。在这一点上，明明和笑笑有着共同的体会。

习惯就是这样形成的。嘿嘿，在磨难中成长。

这天，双休日，明明叫上笑笑，带上鱼竿，拿着小铲子到地里去挖蚯蚓。他们挖了一会儿，挖了几条蚯蚓，放到盛泥土的盒子里。

接着他们就到河边钓鱼。钓了一会儿，明明用铲子铲盒子里的土找埋在里面的蚯蚓，一不小心，有三条蚯蚓被小铲子拦腰铲断。再看土里还有两条蚯蚓。他非常后悔，一边埋怨自己粗心大意，一边心疼地把被断成两截的蚯蚓埋进木盒里，拿着渔竿同笑笑回家了。看来十分伤心。笑笑看到后，说："至于嘛，这有什么好伤心的。"明明也不愿解释。

几天后，明明邻居家的一个哥哥要去钓鱼，向明明借几条蚯蚓。明明无精打采地说："我盒子里有两条蚯蚓，你自己去挖吧。"

邻居的哥哥把盒子里的泥土全部都倒出来。一看，大喊起来：

"哦,明明还会忽悠你哥哥,不对,盒子里不是两条蚯蚓!"

明明慢腾腾地说:"我记得清楚,只有两条蚯蚓,还有三条被我铲断了,这三条死了。不是两条是几条呀?"明明懒得和哥哥争论。他还为前几天的鲁莽在悔恨呢。

"哎,你怎么不信呢!"哥哥说,"你过来看一下不就知道了,看我是在说谎,还是你在说谎?"

哥哥说到这个份上了,明明只好过去看。不看不知道,一看吓一跳。"我的妈呀,怎么会变多了呢?外面的蚯蚓又进不来,这是怎么回事呀?"明明愣了半天,也不知道这是怎么回事。总不能从天上掉下来,更不会是天外来客。这是怎么回事呀?难道神了吗?

哈哈,这里面有学问。你说现在是几条蚯蚓呀?请你告诉明明这里面的道理怎么样?

♥ 答 案

是8条。因为蚯蚓的再生能力很强,被拦腰截断的3条蚯蚓并没有死,而是变成了6条,再加上原来的2条,这样就是8条了。

蚯蚓是一种低等的环节动物,有头、有尾、有口腔、肠胃和肛门。

当蚯蚓被切断时,它断面的肌肉马上收缩,一部分肌肉迅速溶解,形成新的细胞团,同时白血球聚在切面上,形成栓塞,使伤口迅速闭合。原生细胞与溶解的细胞一起,形成再生芽。随着细胞的增生,缺头的一面就长头,缺尾的就长尾,这样,蚯蚓便再生了。

看电影时的争执

　　大磊和大飞是一对好朋友，也是同班同学。期末又到了，这是学生学习的关键时刻，他俩认真复习，连最喜欢看的电影也不能看了，是啊，在升级这个关键时刻不能掉链子，只有努力，不能在人生的转折点留下遗憾。他们是这样想的，也是这样做的。用大磊的话说，就是掉下几斤肉来，也在所不惜。看来大磊对学习是很重视的。用大飞的话说，就是关键时刻要瞪起眼来，人生能有几回搏？

　　终于，他们度过了关键时刻，期末考试结束，紧接着就放暑假了。大磊和大飞那个高兴劲就甭提了。一是他们考得都不错；二是有了空闲时间。这会儿，可以大显身手了，爱干什么就可以干什么。不是爱看电影吗？哈哈，看吧，有的是时间。可以看个爽，看个够！

　　放暑假的第二天，大磊说："大飞，走，我们去看电影。"

　　"哈哈，真是英雄所见略同。"大飞哈哈笑着说，"我正要去找你呢。你看，中国人不抗念叨，我刚这么想着，哈哈，这不，你就来了。有意思，有意思啊！"

　　"是啊，谁让我们有着共同的爱好呢。"大磊也大发感慨，"这叫不是英雄不聚头吗。"真是急点锣，密点鼓，敲得是如此的和谐，共振。

　　就这样，他们大步流星向电影院迈进。他们俩的家距离电影院不远，没有多少时间，就来到市中心影院。大飞说："你到阴凉的地方凉快去，我去买票。""不用，我们一起买得了。"就这样，大飞和大磊就站在买票的队伍里，头上顶着火辣辣的太阳，四周又一点风也没有。

　　这时候，大磊和大飞已经是汗流浃背了。于是，大飞说："天太热了，楼上凉快些，咱们买两张楼上的票吧。"大磊立刻反驳说："不对，

还是楼下的凉快些。"

于是，大飞一言说是楼上的凉快；大磊一语说是楼下的凉快。他们互相找理由，来说服对方。不知不觉，已经轮到他们买票了。

还是后面一个买票的叔叔开口了，说明买什么位置的票凉快。使大飞和大磊的争论结束了。

哈哈，看来看电影也有着学问。你知道这位叔叔是怎么说的吗？

答案

从凉快的角度来看，应该选择楼下。原因是热空气比较轻，易于上升，会使人感到凉快些。

小铁钉，哪一种情况先生锈

妙妙小学毕业了。一天，她碰到自己的好朋友果果。开口便说："果果，时间过得真快，转眼我们小学毕业半个月了。"

"是啊。"果果深有同感。

"哎，当时，在学校的时候，我还觉得时间过得真慢，不知还要等多少时间才能小学毕业呀。"妙妙大发感慨，"想不到时间过得这样快。"

"哦，我也有同感。"果果随和。

"不过，我有时候想我们的同学，想我们的老师。"妙妙继续说道。

"想同学这是很自然的。"果果说，"你还想老师？忘掉了被老师罚做作业了吗？"

"是啊，有些老师，在教学上很有一套，我很佩服他们的。"妙妙

说，"罚做作业的事情，哈哈，时过境迁，我不去计较了。"

"哦，思想转变得好快呀！"果果回忆起妙妙的糗事来，"我还记得你被语文老师罚做作业时，你发誓今后不愿当老师，怎么好了伤疤忘了疼呀？"

"哈哈，此一时彼一时嘛。"妙妙也笑了起来，"我当时随便说说的，我这个人的最大特点是说完就完了，不记啊。"

"哎，你最喜欢哪个教师呀？"果果问。

"噢，那还用说吗，当然是科学赵老师了。"妙妙认真地说。"他讲课很有趣！"

"哈哈，具体说一说。"

"有一节课，我印象最深。"妙妙启动回忆的闸门，"预备的铃声已经响了，可是好半天，班级里还没有静下来。当时，当班长的我着急了，大声喊静下来，但我的话还是没有起作用。当赵老师进来后，看到班级里的纪律很差，出乎我意料的是，赵老师并没有训斥我们，而是什么也没有说，只是默默拿出两个铁钉来，把一颗铁钉全部浸泡到水里，另一颗铁钉只放进水里一半，然后开始问大家：'哪一颗铁钉容易生锈呀？'"

"哦，你不愧是班长，把当时的情境记得这样清楚。"果果赞美起妙妙来。

"是啊，因为我对这件事情的印象很深。"妙妙继续回忆着那美好的时光，"当时，全班的同学一下子把精力全部集中到了两颗铁钉和那一瓶水上面了，可是，却没有一个人能够一下子回答出赵老师所提出的问题。这时，同学们全都停止了说话，如同被下了一道不说话的命令，课堂的纪律一下子好起来。"

"这就是你印象深刻的原因？"果果笑着问。

"是啊，同学们都在思考问题。"妙妙微笑着，"因而，我对这个问题的记忆很深刻。这就是好老师管理学生学习的一种方法，不是声

嘶力竭地吆喝不要说话了,而是用无声的语言去制止同学们的说话,以此诱导学生们的学习。难怪,我们的同学对科学特别感兴趣,成绩也特别好的原因。"

果果笑着说:"那我要考一考你,你刚才说的两颗铁钉,一颗全部浸泡到水里,一颗一半浸泡在水里。到底是哪一颗先生锈呀?你还记得吗?"

"哈哈,你想一想,我当时记忆那样深刻,我会记不得其中的道理吗?"妙妙笑着说,"我告诉你,让我不记得都难。"

哈哈,你知道果果提出这个问题的答案吗?

❤ 答 案

一半浸泡在水里,一半在外面的那颗铁钉最容易生锈。原因是这颗铁钉既接触空气,又潮湿,有氧气和水分铁钉生锈就快。

铁生锈,大家司空见惯。但同样是铁制品,有的极容易生锈,有的却很难生锈。比如,放在潮湿的地方的铁制品很容易生锈,但放在干燥的地方的铁制品却不是很容易生锈;裸露在空气中的铁制品很容易生锈,但涂了油漆的,或镀上了一层不易生锈的金属的铁制品却不太容易生锈。

铁生锈的必要条件是氧气、水同时存在。在有盐的情况下,生锈的程度会加深、速度会加快。

咦,它们都吃什么

嘉嘉的爸爸是个动物专家,并有自己专门的实验室,经常做实验。

一天下午,嘉嘉做完作业,没有事情可干,就到外面走一走。忽然,她看到天空有一只鸽子飞过,她触景生情:哈哈,何不到爸爸的实验室转悠一下,那里可有许多小动物,有些动物园里都见不到。有时,还会碰上爸爸做实验呢,那才叫有趣呢!

不一会儿,嘉嘉便来到爸爸的动物实验室的窗外。嘉嘉抬头往里一看,真棒!原来,这里正有几种动物在生"孩子",爸爸和几位穿白大褂的叔叔们正在忙碌着接生。不一会儿,一只小燕子、一只小蝙蝠、一只小熊猫和一只小白兔就降生了。

嘉嘉觉得爸爸的工作真有意思,天天同动物打交道。

第二天,嘉嘉早早到了学校,正巧碰着了好朋友李璐。她急忙把李璐叫到一边,把昨天自己在动物实验室看到的情况告诉了李璐,然后说:"你知道这些刚出生的小动物都吃什么吗?"

李璐被嘉嘉这样一问,忽然想起在动物园看到的情景,就说:"哈哈,这还能考住我吗,回答这些问题还不是小菜一碟,谁没有到过动物园看过呀!你听好,小燕子吃虫子,小蝙蝠吃蚊子,小熊猫吃嫩竹子,至于小白兔吗,这让我想起来一则儿歌:'小白兔,白又白,爱吃萝卜和白菜。'想必我不说你也应该知道吃什么,还有爱吃青草。"

"哈哈,看来你回答的十分流利。但全错了。"嘉嘉来了个全盘否定。

"哇!这怎么会错的呀?"李璐感到不解。"难道你到动物园里没有看到这些事情吗?"李璐来了个反问。

嘉嘉说:"你看到的是成年动物的吃喝,这和它们刚出生难道一样吗?"

于是,嘉嘉和李璐争论了起来。

直到科学老师来了,她们的争论才得到平息。

咦,你说李璐的回答为什么不全对呀?

寒冬的鸭子

　　翟惠的爸爸是一个养鸭子的专业户。他家里养了几百只鸭子。双休日，翟惠做完了作业，都要帮爸爸放鸭子。

　　鸭子的翅膀是棕红色的，其他部分全是白色。头部两边的小眼睛，总爱斜着看人，特好玩。

　　每天清早，鸭子出圈后，总要先张开翅膀扇动几下，然后伸着脖子，嘎嘎地叫着，好像在说："小主人，快给我们开饭吧，我们饿极了。"于是，翟惠赶紧把稻糠和玉米面拌好端出来。它们一拥而上，把食盆团团围住。鸭子吃食非常有趣，它们把扁扁的嘴插进食盆里，使劲地啄几口，然后扬起脖子拼命地往下吞，有时被噎得一顿一顿的。鸭子们吃饱了，就一摇一晃地向鱼池走去。到了鱼池，它们迅速跳进去，把头扎进水里，屁股朝天，两腿不断地划着，头好长时间都不露出水面。过了一会儿，它们开始嬉戏起来，你追我赶，一会儿钻进水里，一会儿浮出水面，张开翅膀在河面上拍打着，还不停地叫着，显得十分开心。鸭子们玩累了，就陆续走上岸来，抖掉身上的水珠，用嘴巴在身上啄啄这，啄啄那，梳理羽毛，还有的把头插进翅膀里，安安静静地睡觉了。

　　在冬天里，鸭子成群围在池塘边，有时还下水去。

　　翟惠看到成群的鸭子在水里优哉游哉。翟惠冻得直哆嗦，但鸭

子在水里照游不误,她感到很奇怪。"这是怎么回事呀?鸭子怎么在冷水里不怕冷呀?"

翟惠带着这个问题去问她好朋友小兰,她说:"鸭子身上的毛多,水不会浸入吧?"

"为什么会这样呢?"翟惠要弄明白这个道理。这时,她又想到了"春江水暖鸭先知"。澄清的池塘里,冰雪刚开始溶化,成群的鸭子便扑通、扑通地跳进水里,为鱼儿、小草、岸边的大柳树,带来了春天的信息。

是啊,冬天里的鸭子怎么那么不怕冷呀?

哎,你能告诉翟惠吗?

答案

鸭子不怕冷有着自身的原因。

原来,鸭子除了长羽毛外,还有紧贴身体的地方长了许多细小的绒毛,所以凉水不会浸透它的身体的皮肤,身上的体温不会下降,它就不会觉得冷了。鸭子的羽毛不会浸水还与尾部的皮脂腺有关,这里贮藏有大量的皮脂,鸭子不时地用喙啄皮脂腺,当喙啄上了皮脂以后,再用喙梳理羽毛,整个羽毛都沾上了皮脂,当然就不怕水了。

鸭子正常的体温,通常保持在42°左右,代谢水平也比较高。加上它们胫骨和附跖骨里的骨髓凝固点很低,即使长期待在冰水里,脚也不怕被冻僵了。

两张特殊的照片

科学老师姜老师,运用与众不同的讲课方法。大家都喜欢听他

讲课。原来,他知道爱听故事是孩子们的天性。每一节课,姜老师都要设计一个与本节课有关的小故事,学生们对此很感兴趣。

这天,又上科学课了,这次姜老师要讲什么呢?

课堂上姜老师说:"在非洲的东部,有一个叫肯尼亚的国家,这个国家有很多的野生植物,还有许多野生动物自由地走来走去,就像一个天然的大动物园。每年,都有许多国家的旅客来这里参观这座大动物园。是啊,这里参观很特殊,要乘坐汽车,把头伸到车窗外,就可以看到许多动物,并可以拍到动物的照片。

这一天,有一批参观团准备到这座大动物园参观。在汽车还没有开动之前,有一个旅客拿出了许多动物的照片,每种动物都照了一张照片。其中有角马、狮子、大象、犀牛、豹子、羚羊、河马、长颈鹿、老虎、斑马、鹿和袋鼠等等。这个旅客说,这些照片都是在这个野生动物园拍照的,大家在没有参观以前可以看一看。

哈哈,好事儿,没有看之前先有照片,这样看起来会更有目标。于是,大家争相传着看起来。当大家看完了照片,汽车也开动了。那位旅客收拾好照片,大家也安静下来了。不一会儿,汽车就进入那座野生大动物园。大家尽情浏览那里的风光,特别观赏了在那里悠闲自得的动物们。

下午的时候,参观结束了。一个旅客对刚才拿出照片的旅客说:'你刚才给我们看的照片中,有两张不是在非洲拍的! 或许是你弄乱了。'

经他这么一提醒,原先拿照片的旅客说:'是啊,我是一个旅游爱好者,有些照片是被我弄乱了。不知是哪一张弄乱了。'"

姜老师讲到这里,便停顿了一下,问:"那个旅客为什么这样说呢? 就我提供给大家的动物照片的名字看,是哪两种动物呀? 同学们猜猜看。今天,我们就要讲其中的一种动物,即一种哺乳动物。"

哈哈,同学们开心啦! 马上动用脑细胞想起来。在同学们回答

的基础上,紧接着,姜老师开始讲新课了。哈哈,这样的课多有意思,同学们想记不住都难呀!

> 非洲没有老虎和袋鼠。老虎产自亚洲;袋鼠产自澳大利亚。因此,老虎和袋鼠的那两张照片,不是在非洲拍的。

葵花朵朵向太阳吗

育才学校要成立课外小组,什么动物兴趣小组、植物兴趣小组、物理兴趣小组、化学兴趣小组、天文兴趣小组、音乐兴趣小组、信息兴趣小组,等等。学校成立兴趣小组的目的,在于培养学生的动手能力,培养他们对科学问题的探究。为了便于活动,家住比较近的同学可以报同一个课外小组,活动时间也安排在双休日。

在植物兴趣小组编组时,晓辉硬要和肖猛编在一起。大家都知道,晓辉离肖猛的家很远,编在一个小组并不合适,同学们都觉得奇怪。不过,大家还知道,晓辉和肖猛以喜欢绿色植物出名,即便是走在路上,看到路边一棵小草,他们也要蹲在那里看个究竟,研究植物的生长情况。他俩决心今后要当个植物学家。

这一天,肖猛对晓辉说:“我要在院子里的空闲地方种植一些向日葵。”晓辉很高兴地说:“你这个想法很好,我家里就是没有地方,否则的话,我也要种植一些。我最喜欢种植向日葵了,因为它总是随着太阳转。”他们一边说着,一边向肖猛家走去。

153

当晓辉刚说完那句话后,肖猛马上反驳说:"不对呀,晓辉,向日葵花才总是随着太阳转的,向日葵在快要成熟时,就不再随着太阳转了。"

"不对呀,你没有听说朵朵葵花向太阳吗?"晓辉反驳。

"那句话说的是向日葵开花时期的一种表现。"肖猛说,"不是说向日葵成长的整个过程。"

"不对!"

"是你说的不对!"

于是,你一句,我一句,就辩论开了。

哈哈,有意思,他们争论得十分热烈,谁也说服不了谁。

你给他们评判一下怎么样?

 答 案

肖猛说的对。植物生长时会产生一种叫作"植物生长激素"的东西。它一见到太阳就会很快地躲到植物的背面去了。当向日葵开花时,会长出一个小小的花盘。生长激素也会躲到花盘背面去,当花盘基部背面的生长激素含量增高后,生长得就特别快,而向阳的一面长得较慢。由于前面和背面生长的速度不均衡,不是同步,所以向日葵的花盘就弯向生长较慢的一面,向日葵也就向阳了。难怪我们会看到茎托着向日葵的花盘,朝太阳的方向弯曲,随着太阳在空中移动,所以向日葵的花就好像老跟着太阳转似的。

但是,当向日葵将接近成熟时,花盘里的生长激素已经消耗尽了,再加上果实的沉重,也就转不动了,只能是一天到晚朝着阳光充足的方向了。

有意思的荧光棒

　　星期五放了学,小雅高兴地背着书包回到家里。

　　妈妈见小雅高兴的样子,就说:"小雅,乐乐剧院星期天晚上有一场明星文艺演出,你想看吗?"

　　"真的?! 当然想看!"小雅高兴得几乎要跳起来。

　　"老师没有布置作业吗?"妈妈问。

　　"唉,怎么会没有呢?"小雅的小脸顿时晴转多云。

　　"我不是在提醒你吗?"妈妈在说,"要看演出,要先做好作业。对吧?"

　　"哈哈,必须的!"小雅急忙说,"马上做作业,争取星期天看文艺演出。"

　　不用说,小雅来了一个突击战,到了星期六傍晚终于完成了作业。星期天晚上同爸爸和妈妈一起,欢天喜地去看明星文艺演出了。

　　文艺演唱会上,人山人海,大家都想目睹大明星的风采。热情的观众手里都准备好了一根荧光棒,准备为自己喜欢的歌星加油喝彩。

　　小雅看到观众手里的荧光棒不解地问:"哎,观众手中的荧光棒怎么会发出光来呀? 用不用电呀?"

　　爸爸说:"荧光棒是无毒、无害,用处广泛的发光品。可使用在各种大小型演唱会、宴会、节日晚会等。还可作为玩具、装饰、军需照明、海上救生、夜间标志信号以及钓鱼专用灯源,受到普遍欢迎。荧光棒是发光材料制成的,不用电。"

　　"哦,不用电?"小雅很感兴趣,"发光材料是什么呀? 用发光材料代替电灯帮我们省电那该多好呀?"

爸爸笑了笑,就对小雅解释了荧光棒的发光原理。

你知道这个问题的答案吗?

答　案

荧光棒中的化学物质主要由三种物质组成:过氧化物、酯类化合物和荧光染料。简单地说,荧光棒发光的原理就是过氧化物和酯类化合物发生反应,将反应后的能量传递给荧光染料,再由染料发出荧光。目前市场上常见的荧光棒中通常放置了一个玻璃管夹层,夹层内外隔离了过氧化物和酯类化合物,经过揉搓,两种化合物反应使得荧光染料发光。

穿白衣与黑衣

磊磊是烈士的后代,爸爸为了保护国家财产,在一场大火中献出了年轻的生命。从此,就剩下磊磊和妈妈一起生活了。

抚养磊磊和维持生计的重任,就落在妈妈一个人身上。妈妈白天上班,晚上做家务,一刻也不闲着。一天十几个小时的劳动,忙里忙外,总是大汗淋漓。尤其是到了夏天,妈妈每天晚上都要把衣服洗一洗,到第二天再穿。妈妈说:"生活再累,也要讲究卫生。穿得好坏没有关系,但一定要干净。"妈妈是这样说的,也是这样做的。

懂事的磊磊心疼妈妈,他完成作业后,总是帮妈妈干力所能及的家务。

这一年,天气渐渐热起来了。妈妈在超市上买了两块布回来,一块是白色的,一块是黑色的。妈妈说:"白布做衣服给磊磊穿,白的凉

快。黑的做衣服自己穿。"

磊磊可是一个很懂事的孩子。他想,妈妈比别人辛苦,但别人的妈妈却穿白色的衣服,既凉快,又整洁,还好看。自己的妈妈也爱美,为什么却整天穿着一件黑色的衣服,多难看啊!于是,就对妈妈说:"妈妈,我看人家的妈妈夏天都穿白色的衣服,很好看,那块白布您做衣服穿吧,我穿黑色的衣服。"

妈妈十分感动,抚摸着磊磊的脑袋说:"孩子,我们要看具体情况呀,妈妈总爱出汗,衣服要经常洗,第二天又要等着穿,这样衣服就需要干得快,而黑布正好比白布干得快。所以,我要经常穿黑衣服。"

"妈妈,你多做件新衣服,不就不用等着换吗?"磊磊总归还小。是啊,谁不爱穿新衣服,但不当家不知柴米贵,不是差点钱吗?妈妈是个要强的人,宁愿委屈自己,但不能委屈孩子,更不能伸着手向国家要钱。

妈妈强忍眼泪,说:"我不太喜欢新衣服,我喜欢穿旧一点的衣服,免得上班时,阿姨们对衣服评头品足,说个没完。我不穿新衣服,哈哈,谁还说去。"

磊磊还有些不懂,问妈妈:"妈妈,我不明白,为什么黑布要比白布干得快呢?"

"哦,你们还没有学过吧?"妈妈问,于是,就跟磊磊讲起这个问题的道理来。

 答　案

　　黑布比白布在阳光下容易干,尤其是同一质料的布料,更能说明这个问题。

　　因为在同等条件下,尤其是在阳光下,黑色比白色更容易吸收太阳辐射的热量,吸收的热量越多,则水分蒸发得越快。怪不得冬天穿黑色衣服的人多,而夏天穿白色衣服的人多呢。

好奇怪的地方哦

成飞的爸爸是个地球探险队员,他常年在外探险,在各地调查研究。因此,工作中难免会碰到各种各样奇怪的事情。

有一天,爸爸对成飞说:"地球真是太有趣啦!"

好奇的成飞急忙问:"爸爸,地球怎么有趣呀?不就是有大山、河流、海洋、湖泊、沙漠、森林、草原、荒漠、冰川,等等嘛。会有什么趣呀?"

"成飞,你这就不太了解地球了。"爸爸马上给予纠正,"实际上地球是个大神话故事,里面藏着小神话故事,这些故事让你想都想不到。"

"哦,爸爸怎么会这样呢?"成飞感到有趣,急忙问起爸爸来。

"不妨我说一个故事,你就知道这里面的意思了。"爸爸的眼睛凝聚起来,打开了往事的闸门,奇怪的故事向他涌来。

成飞认真地听了起来。

"我所在的一支地球探险队来到一个地方。"爸爸说:"这个地方人烟稀少,也没有多少动物,但是有许多冰山,都是奇形怪状,十分有趣。这是一般地方所不能看到的呀。

我们几个队员搭好帐篷后,就好奇地参观这里的冰山,因为好奇,也不知道看了多久。

突然一个队员说,哈哈,大家光顾看冰山了,你们肚子不饿吗?

哦,经这个队员一说,算了一下,该到吃晚饭的时间了。大家都说自己的肚子咕咕噜噜响,感到饿了。

好奇的我就找当地的一个人问了一下,现在应该是几点了,这个

人看一下表说,现在是 12 点。奇怪呀,太阳已经落山了,天都黑了下来怎么会是 12 点?是不是这个人搞错了?于是,我又问了另一个人,另一个人看了看表,认真地说,是 7 点。

我随后又去问了几个人,他们说的都不一样。这是怎么回事呀?表可能会出错,但不能都错,世界难道这么巧,错表的事情都会在今天出现,还是遇到了愚人节,都在开玩笑,但又不是愚人节怎么会这样呢?哈哈,要不,那些人的表都有问题,都是骗人的表。

晚上,队员都回到帐篷里,我好奇地向大家说起来这件事。队长听后哈哈大笑起来,说:'哈哈,你错怪他们啦,那些人说得都对。在这里,人们可以把昨天的日子当作今天,也可以把今天的日子当作明天。

成飞,你看我们队长多幽默,当时,我不够了解这些,竟闹出了这个笑话,难怪,我的同事对此经常开我的玩笑。哈哈,我现在想起来就好笑,你说不好笑吗?"

哈哈,爸爸说完这个故事又是一阵哈哈大笑。才结束了这个故事。

最后,爸爸问:"成飞,你知道这个地方是哪里吗?"

成飞想了想说:"大概是南极吧?"

咦,你说是怎么回事呀?

♥ 答 案

成飞说的不全对。这个地方是南北两极。这两个地方没有纬度,可是所有的子午线都集中在这里。因此,任何一条子午线的时间,在地极上都是正确的。

子午线也称经线,是人类为度量方便科学研究而假设出来的辅助线。地球上经过地轴的平面与地表相交而成的大圆称为经线圈,经线圈被南北两极点分成的半圆称为经线。经线指示南北方向。所有的经线长度都相等。

巧辨假牛奶

"五一"小长假的第一天，肖钢和小伙伴在儿童乐园玩了一上午，饿了，他们便走进了一家牛奶店。他们往里屋门口一看，只见一个胖女人在淘米。

"小朋友，你们想吃点什么？"老板从里屋走出来，把他们迎到餐桌上。

"每人一杯牛奶，一个汉堡包。"肖钢回答。

不一会儿，老板把他们点的餐端上来了。孩子们如同风卷残云，把牛奶和汉堡包装进了肚子。他们临走时又好奇地往里屋看了一眼，当场的一幕让孩子们惊叫起来，只见胖女人正将淘米水往牛奶里加。"老板娘把淘米水加到牛奶里去了！"肖钢第一个惊叫道。

老板冲出来："怎么敢胡说八道？活得不耐烦！"并一拳打来。

肖钢急忙躲过，说："我刚才看到了。"

老板打了一个趔趄，反咬一口说："先生们，别听这个小子瞎说。前几天，他来偷面包被我逮个正着。今天他是来破坏我名声的，今天我就饶了他们。"

一个好心的顾客对肖钢说："小朋友，快走吧，不要吃眼前亏。"一句话倒提醒了肖钢他们：对坏人坏事应讲究策略，注意保护自己。"太不讲理了！"他们说着走出了牛奶店。

"这个老板太可恶！"小朋友们议论着。"这小店应归工商局管。""对！我们应找工商局去！"于是，肖钢他们就找到当地工商局，把事情的来龙去脉说了。最后，一位新调来的高个王叔叔在他们的耳边说了几句，肖钢他们一听，心里乐开了花。

王叔叔穿上便衣，到商店买了一小瓶碘液和一袋纯牛奶，一起来到了那家牛奶店，肖钢他们在门口等候。王叔叔走进牛奶店，说："还有牛奶吗？"

　　"有，先生要奶吗？"老板笑脸相迎，并端来了一杯牛奶放在桌上。只见，王叔叔从提包里拿出一瓶碘酒，拧开盖，对着牛奶杯滴了一滴，杯里的牛奶立即变成了浅蓝色。

　　老板见状不知这位先生在搞啥名堂，心里在嘀咕。

　　王叔叔说："你的牛奶掺了淘米水。"

　　"你可不要败坏我的名声！"老板气急败坏地说。王叔叔当场揭穿了店老板骗人的伎俩。

　　王叔叔有理有据，用事实讲话。"淘米水含有淀粉，遇到碘酒会变成蓝色。"王叔叔说着又从提包里拿出一袋纯牛奶，倒在一只空杯中，说："这是纯牛奶，滴上碘酒不会变蓝。"他滴了一滴碘酒在里面，果然碘酒没有变色。"你掺假经商，欺骗消费者，要停业整顿。你欺负小同学，要向他们道歉。肖钢你们进来。"王叔叔说完，掏出了工作证。老板顿时目瞪口呆傻了眼。

　　想想看，碘酒与牛奶有什么关系？你可知道其中的秘密吗？

♥答案

　　淀粉遇碘会变蓝，这是淀粉的一种化学性质。淘米水含有淀粉，遇到碘酒会变成蓝色，所以淘米水加到牛奶里滴上碘酒会变成蓝色；纯牛奶里不含有淀粉，滴上碘酒不会变蓝。利用这种方法还可以鉴别奶粉的真假。如果奶粉里加了淀粉，加上碘酒也会变蓝。

哦，动物也有血型

在一个大森林里，住着一个非常勇敢的孩子，名字叫小石头。他天天锻炼身体，不是上树，就是爬山，练就了一身强劲的筋骨，而且他的力气大远近闻名。

同时，在大山里住着各种各样的动物。

有一天，一只狼正好逮住一只兔子，只听兔子大喊："救命啊！救命啊！我家里还有吃奶的孩子呀！"声音十分凄惨。

可是，兔子喊了半天，也没有谁敢来救它。因为狼是老虎手下的一员大将，老虎对狼十分器重。狼每次捕到食物后，首先孝顺老虎，等老虎吃完之后，狼才能啃剩下的骨头残渣。所以，谁敢和狼作对，也就是和老虎作对，老虎非咬死它不可。这就是狗仗人势，不对，叫狼仗虎势。

正在这时，小石头刚从大山那边回来，听到这凄厉的喊声，马上冲过去，对着狼拳打脚踢，三下五除二，竟把狼给打死了。兔子得救了，急忙跪在地上对小石头叩拜，感谢他救命之恩。

小石头说："免了！免了！"然后，兔子急忙跑回家给孩子喂奶。

小石头打死狼的消息如同插上了翅膀，很快传到了老虎那里。老虎一听，这还了得，有没有王法，竟敢太岁头上动土，反了不成！于是，急三火四带着喽啰来找小石头算账。

小石头也没有躲避，他敢做敢当，同老虎及喽啰打起来。正是强将对猛虎，打得天昏地暗，整整打了三天三夜，终于把老虎及喽啰都打死了。这也算为这座大山的动物除了一害。不过，小石头也身受重伤，流了很多血。

小鹿、小山羊、兔子等都围了上来，非常着急。猴子医生在对他进行抢救。

猴子医生包扎好了伤口，对围观的动物说："情况紧急，小石头需要马上输血！"

大家一听要输血，马上围了上来。兔子伸出胳臂说："猴子医生，小石头是为我受伤的，理应抽我的血，我一定要把小石头救活。"

"不行！你身体小，还是抽我的吧！"小鹿说。

"抽我的吧，我身体强壮！"小牛报名。

"猴子医生，抽我的血吧！"各种动物纷纷请示。

这时猴子医生摇了摇头说："救死扶伤是公民的义务。不过，不行的。不是你要抽，我抽就行。那是万万使不得的。"

"猴子医生，怎么使不得，救命要紧，你啰唆什么呀！"兔子不理解猴子的话。有点气愤。

"是啊，怎么还不快点抽！"

"再拖的时间长，小石头就会有危险的！"

猴子医生大声说道："我理解大家的心情，但是，不能随便乱输，否则的话，小石头真的会没有命的。"

"那怎么办呀？"大家几乎齐声问道。

"是这样的。"猴子医生说，"人有人的血型，动物有动物的血型，不能随便乱输的。小石头必须输和他一样人的血型，我赶快化验，再寻找和他一样的人的血型。"

哦，大家感到奇怪呀，人有血型，动物也有血型，猴子说的话对吗？

答 案

　　猴子医生说得对。人有血型，动物也有血型。像一些大的动物如牛、羊、马、猪、鸡等都有血型，甚至连鱼都有血型的区别。

　　人类血型有很多种类型，而每一种血型系统都是由遗传因子决定的，并具有免疫学特性。最多而常见的血型系统为 ABO 血型，分为 A 型、B 型、AB 型、O 型四种；其次为 Rh 血型系统，主要分为 Rh 阳性和 Rh 阴性；再次为 MN 及 MNSs 血型系统。据目前国内外临床检测，发现人类血型有 30 余种。

打喷嚏，有来头

　　放暑假了，淘淘的表哥亮亮来他家里玩。亮亮是个见过世面的人，还是一个故事篓子，他会讲很多故事。表兄弟一见面，淘淘就要表哥讲故事。这不，亮亮又讲起了故事：

　　"有一个生意人，赚钱回来，在船上碰到一个同乡人。"表哥有板有眼地讲起来，"两人聊得正投机，同乡人嘴巴一张，'啊—嚏'！打了一个喷嚏。"

　　"生意人问：'咦，讲话讲得好好的，怎么打喷嚏？'同乡人答：'我的妻子在念叨我哩！''你出门多久了？''出门五六天了。''你的妻子真有心。你出门五六天就念叨，我出门两个月，从没打一个喷嚏。唉，我的妻子没念叨我！'"

　　"打喷嚏是念叨，我奶奶也常这么说。"淘淘打断表哥的话。

　　"别打岔啊。"表哥继续说，"生意人回到家里，板着脸，一副生气

相，像是谁欠他二百万似的。他的妻子感到奇怪，这可是从前没有的事情。忙问：'怎么了，生意不顺？''生意顺啊。''没赚钱？''有赚呀！''那你气什么？''我气你哩！''气我什么？''我出门两个月了，你一点也没念叨我。'他的妻子叫冤枉：'唉哟，你这么说，怎么对得起我？我天天都念叨你，怎么讲我没念叨你？你不知道我们是夫妻吗，我有一个念叨的习惯，让我不念叨你都难。'生意人说：'哼，讲得好听，有念叨没念叨，我全知道。''你怎么知道？''有打喷嚏，才是有念叨，我出门这么久，没有打一个喷嚏！''唔，是这样。好，好，先吃点心，以后再讲。'"

"生意人住了几天后，又要出门了。他的妻子到药铺买了一小葫芦瓶'通关散'，对他说：'把这个瓶带着。我有没有念叨你，把瓶打开闻一闻，就知道了。'生意人坐在船上没有事，想起妻子，不知道她有没有念叨哩！就打开葫芦瓶，用鼻轻轻吸，那'通关散'一入鼻，他'啊—喊'、'啊—喊'连着打了两个喷嚏。'哈哈，好，好，才出门，我的妻子就念叨了。'生意人心里欢喜，哈哈笑起来。……"

"哈哈，表哥你真逗。"淘淘打断表哥的话。"你昨天有没有打大喷嚏呀？"

"没有啊！"表哥说。

"哈哈，我念叨你来。"淘淘笑着说，"你不信，问我妈，我说表哥这个活宝怎么还不来玩呀！你看你，昨天念叨你，你今天就来了。哈哈，中国人不抗念叨。"

"那你也没有给我'通关散'呀！"表哥说完，就同淘淘大笑起来。

淘淘的妈妈在他们的说笑之际，在厨房里奏起锅碗瓢盆交响曲。淘淘的表哥爱吃辣椒，所以妈妈特意买来一些新鲜的辣椒。当妈妈炒菜时，辣椒味太浓，使淘淘呛得直打喷嚏。

"唉，是不是表哥在念叨我呀？"淘淘想起了表哥与喷嚏有关的故事。

"哈哈，是辣椒在念叨你呀！"表哥说完竟大笑起来。

"表哥，说正经的。人为什么要打喷嚏呀？"淘淘借题发挥。

"是你舅妈惦记着你和我滚没滚在一起呀？"表哥说完，又大笑起来。

"人惦记着就要打喷嚏吗？"淘淘问。

"是的。"表哥在逗淘淘。

嘿嘿，打喷嚏还挺有意思的，你说表哥说得对吗？

♥答 案

　　说得不对。人是用鼻子呼吸的，当吸进了冷空气、刺激性气体和异物时，鼻孔里那些灵敏的神经细胞就会马上通知大脑。于是，大脑就会"下令"，要肺深吸一口气，肋骨间的肌肉和膈肌马上收缩，迅速舒张，接着，"啊—嚏"一声打一个喷嚏，一下子会把冲进来的东西赶出去。所以打喷嚏是人体的一种自我保护功能。在动物界也有打喷嚏的功能，如果大象感冒了，也会打喷嚏哩。

　　哈哈，打喷嚏是一种生理现象，与迷信、与念叨没有半点瓜葛。

科技娱乐班会

　　小孟所在的班级要开一次别开生面的科技娱乐班会。这可喜煞了小孟。要知道，小孟可是科学老师的得意门生，他科学成绩特别好。这一次，小孟终于有大展风采的机会了。

　　班主任提前一周就布置了，小孟认真准备，他要在这次活动中争

166

头彩。

在小孟盼星星、盼月亮的期盼中,终于迎来了这一天。

临到小孟发言了,他说:"我准备的智力抢答题不是直来直去的,我是花费一定心思的。请大家认真听好。

第一道题:肖涵起床来到外面一看,地上一片水洼。原来,昨天晚上下了一场大雨。哈哈,睡觉很死的肖涵没有听见。这时,肖涵突然想起昨天放到外面的衣服晚上没有收回来,于是,急忙跑出去取昨天晒在晾衣绳上的衣服,她看到衣服都湿了,用手掂了掂,觉得好沉,就大声对屋子里的哥哥说:'哥哥,你瞧,湿的东西比干的东西沉重多了。'

哥哥闻声出来,说:'那有什么奇怪的。湿的东西就比干的东西重嘛,但不是所有湿的东西都比干的重。'

肖涵说:'是啊,没有错,所有湿的东西都比干的东西重。你瞧,这湿衣服不是比干衣服重吗?'

哥哥却说:'你说的不完全对。'

大家说,哥哥说的对吗?"

观众活动,我们省去一万字……

接着,小孟侃侃而谈。进入第二道:

"有一天,在南亚一个国家的法庭上,正在审判一个'犯人'。这是一个谁也没有料到的案件。所以,引起全城轰动,大家都跑来了,挤满了法庭。法官和警察维持了半天的秩序,才安定下来。

'犯人'被带进法庭后,大家大眼瞪小眼要看一下这轰动全城的'犯人'。大家一看便呆了,哪里有什么人,'犯人'竟是一束又鲜又香的鲜花!这开什么玩笑,这可是很神圣的法庭呀,有没有搞错!

这时,法官大人站起来开始宣布这束鲜花的罪行,稀奇,鲜花还能有罪行。只听法官说:'在南亚的大森林里,许多年来一直发生着神秘的纵火事件,大火把成片成片的森林都烧毁了,而纵火的人始终

没有抓到。后来，经过长期的'跟踪追击'，终于发现这'纵火犯'正是这种鲜花。'

大家想一想，这种鲜花是怎么放火的呀？你知道它的名字吗?"

同学们感到很奇怪，鲜花都能放火，再没有不能放火的了。同学们的发言很热烈，最后省去 5000 字。

第三道智力题，是这样的。

燕燕跟着妈妈到海南去旅游。在这里燕燕玩得很开心，燕燕说这里真好玩。在上火车之前，妈妈问燕燕："你需要买点什么带回去?"

燕燕痛快地说："香蕉，要多带点！这里的香蕉很好吃。"于是，妈妈买了很多香蕉放到包里。

就这样，燕燕和妈妈踏上了回家的列车。两天后，她们回到家里。燕燕想起了她的香蕉，于是急忙打开包儿，一看，不由得大吃一惊，忙喊："妈妈，快过来看一看。"

"有什么这样大惊小怪的。"妈妈念叨着过来，"哦，香蕉怎么变成金黄色的香蕉啦?"

原来，妈妈因路远时间长，全买的是绿色的香蕉。谁知道这么短的时间内，竟由绿色全部变成金黄色的了。如同是一夜之间被人偷换了似的。

请你分析一下，这是怎么回事呀?

呵呵，这会儿，要考考你啦，你知道以上三个问题的答案吗?

❤ 答 案

第一道智力题：哥哥说的对。一般情况下，相同的物质，相同体积的东西，湿的因含水分多总比干的重些。但也有例外，比如，湿空气就比干燥的空气轻。

第二道智力题：这种花的名字叫"看林人"。这种花的花朵及其茎叶内，含有大量挥发性油质，容易起火。当森林中空气干燥炎热时，这种油质就会达到燃点而自然，从而造成火灾。

第三道智力题：香蕉的皮含有两种色素：一种是叶绿素；一种是叶黄素。新鲜的香蕉的叶绿素没有被破坏，它遮盖了叶黄素，所以这时的香蕉是绿色的。当香蕉摘下来放的时间长了，叶绿素逐渐减少，叶黄素就显露出来，香蕉就由绿色变成黄色的了。

行驶的车上玩杂技

阳光城里有一座儿童乐园，乐园里有一个很大的跑道，跑道的四周很宽敞，许多孩子可以围着它观看。尤其是双休日，这里更是孩子们的乐园。许多孩子都早早跑到这里玩个痛快。

小雪忍耐不住诱惑，星期天又跑到这里来了。他看到远处围着一大堆人，不知是干什么的，急忙跑过去看个究竟。跑近一看："哇！这里正在玩杂技。"他想自己来得正是时候，正好碰上自己心爱的杂技节目。

只见，在原来平坦的跑道上，有一辆小型卡车在平稳地行驶着。车是以每秒钟 10 米的速度在一圈一圈地跑着。车厢上坐着一个少年，戴着一顶很怪的小花帽，又尖又细，十分好笑。他手里拿着一个

圆球,坐成各种姿势。那个少年说:"我随机将圆球向上笔直抛去,扔得很高很高,半秒钟后,才能看到这个圆球开始向下落。大家猜猜看,这圆球掉下后会落到哪里呢?"

大家急忙回答。

哈哈,回答也很有意思。有的说圆球是落到车前,有的说落到车后,还有的说是落到小魔术师的手里。回答得五花八门,好不热闹。

只听少年说:"好的。大家看好,我现在就将圆球向上笔直抛去,大家看球最后落到哪里?"

唉,当时的场面很挤,也很热闹,我们不去管它。现在想考一考你:这圆球到底会落到哪里呢?

答 案

卡车行驶时,坐在卡车上的人及圆球都以同样的速度随着卡车行驶。由于惯性的作用,圆球向空中笔直扔上时,它仍会以同样的速度向前移动。所以,圆球仍会掉在车上孩子的手里。

巧捉猕猴

牛伯伯在森林边有一块地,今年他在这块地里种上了玉米。秋天来了,玉米要丰收了,他更加勤快,大清早,就到地里看一看。用自己辛勤的汗水换来的丰收,其喜悦心情是局外人难以理解的。

这一天,牛伯伯一大早来到玉米地一看,被眼前的情景搞懵了!我的天呀!地里的玉米倒了不少,还有些玉米被吃了一半扔了,还有没吃的也扔了,这是谁在破坏,在和自己过不去呀!这可气坏了牛伯

伯，它急忙打电话给哈特探长报警。

哈特探长是一只黑狗。它的助手是一只机器人，形状像鸟，所以叫智慧鸟。

哈特探长接到电话，和智慧鸟急忙赶到出事地点。

他们仔细查看，搜索可疑目标。他们发现了地上不少脚印，还有极少的毛发。哈特探长一看，说："这是猕猴干的。"

"从哪看出来的？"智慧鸟急忙问。

"从脚印和毛发上，我就完全可以判断是猕猴。"哈特探长十分肯定地说。

"这就对了，探长。"智慧鸟接上了话茬儿，"是猴子在玉米地里饱餐了一顿，边吃边掰，吃的没有他们掰下的多。据我所知，猕猴非常贪吃，吃饱了还赖在地里不走。嘴里叼着，腋下挟着，右前掌掰这个，左前掌掰那个，不大一会儿，把玉米地糟蹋得一塌糊涂。实际上，猕猴不停地掰，不停地掉。到最后，只是腋里挟着一个，手里拿着一个，总共只能得到两个玉米棒。难怪有一句歇后语叫猴子掰玉米——掰一个丢一个。"智慧鸟对猴子的习性很了解，侃侃道来。并学着猕猴的样子装着掰玉米。

"哈哈！猴子的习性可很有意思。"哈特探长被他逗笑了，"我们可初步断定，在这里搞恶作剧的是猴子，是猴子偷食造成的。"

"不过，怎么来对付这些受保护的猴子呀？"智慧鸟感到问题不好解决。

果然不出哈特探长和智慧鸟所料，第二天，猕猴又来"扫荡"玉米地了。牛伯伯打来了电话。哈特探长告诉牛伯伯就要采取行动。

"你找来一个大南瓜。"哈特探长吩咐智慧鸟。

"带一个大南瓜怎么能对付猴子呢？"

"我们要捉上一只猴子，以猴子吓猴子。"哈特探长得意地说，"待我们捉到一只猴子，把这只猴子的毛色染成我身体的颜色，再打扮成

我的模样，用这种方法把猕猴吓跑。"

"哈哈，探长，真有你的。"智慧鸟马上想到了哈特探长的做法。

不一会儿，智慧鸟就让猪八戒的第 99 代孙子猪小戒送来了一个大南瓜。猪小戒说："我送来一个特大号南瓜，够意思的吧？"

"很好，谢谢！"智慧鸟说，并送走了猪小戒。

"你在南瓜上挖一个窟窿，直径刚好能伸进猕猴的手。"哈特探长吩咐，"然后炒一些喷喷香的黄豆放在南瓜里面。"

"探长，真有你的。"智慧鸟赞叹道。

哈特探长驾驶着"自由机"，带上大南瓜和炒熟的豆子起飞了，很快来到了出事地点。

"我们把大南瓜放到地中心，再通过南瓜的窟窿放进豆子。"探长一边说着，一边干着。

不一会儿，一切就准备停当，他们就急忙在附近的一棵树上埋伏了起来。

猕猴吃玉米上了瘾，又来了。

起先，一个猕猴发现了地上的一个大南瓜，便吱的一声发出了一声尖叫："有埋伏！"群猴听到后，迅速地窜入附近的森林。霎时，跑得无影无踪。

当他们感到没有什么危险时，竟又跑了回来。

哈特探长看到猕猴的这一幕，悄悄地说："猕猴胆极小。准备随时出击。"

只见，一只猕猴跑到南瓜跟前，用手试了试，推了推南瓜，看没有什么异常；闻了闻，马上闻到了豆香，嘴里流着口水，看上面有一个窟窿，就把手伸进去抓了一把豆子，拿不出手来，就松开手只拿出了几个豆子吃起来。又继续抓起来。

"哪里逃！"哈特探长大喝一声，跳下大树，就冲了过去。

智慧鸟也跟着喊了一声："跑不了啦！"也飞了过去。

其他猴子马上逃得无影无踪。结果逮到了那只吃豆子的猕猴。
唉,挺有意思的。你知道是怎么捉到猕猴的吗?

答案

　　那只猕猴手里握着一把豆子,不舍得丢,只好一只手带着南瓜,一只手着地,一瘸一拐带着大南瓜跑着,他哪里能跑得动呀!
　　这是利用猕猴贪吃的习性,当猕猴闻到豆香后,就会跑到南瓜前,把手伸进去,前掌摸到豆粒就会满满抓一把,到哈特探长追捕的时候,它舍不得丢豆子,手握着豆子又被南瓜上的小洞卡住了,拿不出来,结果被哈特探长逮个正着。

气功师这样了得

　　青年广场来了一家杂技团,他们的宣传海报十分火爆:
　　走过,路过,千万不要错过!
　　刀砍,不入,货真价实硬功!
　　妈呀!真是不得了,刀砍不入!这如果是在过去的战场上,真的就成了永生的战士了,永远不会死亡。
　　过路的人,看到了这个海报,感到好奇,平日听说有人刀砍不入,难道这是真的吗?听过,不如看过。就这样,人们都想来目睹刀砍不入的真功夫,到底是怎么回事!
　　于铭和李海看到这个海报乐了,他俩就羡慕有真功夫的人,尤其是这刀砍不入的功夫。急忙买了门票前去观看。
　　正巧,临到气功师上台了,他挥舞着大刀,只见,大刀银光闪闪,寒气逼人。他说:"大家看到了吧,我这把大刀很锋利,锐不可当。"说

着,他用刀砍事先准备好的树枝,啪啪几下,树枝断成了几截。随后,气功师又对准几根筷子砍去,啪啪啪刀落筷断,四处乱飞。气功师这几个动作,足以说明这刀厉害,锋利无比。

"大家说,这刀锋利吧?"气功师用手指着刀,问大家。

"锋利!"观众的心被吊起来。

"这把刀虽然锋利,但砍不破我的皮肤。"气功师瞪大眼睛,十分威武地说,"我的皮肤比刀硬。大家相信吗?"

"不信!"观众回答。

气功师又挥舞着寒光闪闪的大刀,问:"如果大家不信的话,那我要砍了!"说完,试做砍状。

"哈哈,怎么会呢?"观众来了激情。

"试一试!""砍呀!"有些观众被气功师煽动了起来。

"好吧! 大家看我的。"气功师说,"不过,我要提醒大家,血压高的,晕血的,就暂时不要看啦! 免得出现意外,我可把话说在前头,出了事,我概不负责!"

气功师说完,脱下了上衣,露出了发达的胸部,两手一握,做了个健美表演的动作,胸肌鼓成了一个个肉疙瘩。随后,气功师拿起大刀,挥舞起来,朝着自己的胸脯咚咚砍了起来,大家大眼瞪小眼,看着气功师的胸脯,有没有破,有没有鲜血流出。

于铭和李海终于挤到了前面,瞪大眼睛一看,只见气功师的胸脯上只有几道红印,皮肤根本没有半点事。

哈哈,眼见为实。这会儿,大家眼前的气功师十分了得,用刀砍向胸脯竟砍不破。

于铭和李海佩服得五体投地,真的看到刀砍不入的奇人啦!

气功师终于表演完了他的绝活,于铭和李海恋恋不舍地离开了广场。

事后,于铭和李海急忙去请教科学老师:"老师,你说这世界上还

真有刀砍不入的人哩。"并把事情的来龙去脉告诉了老师。

谁知科学徐老师听后笑了笑,说:"你们也太天真了,怎么会有刀砍不入的人呢?"

"我们眼见为实,怎么不会呢?"于铭和李海听后马上反驳,要知道是自己亲眼所见,怎么能不相信呢。

"哈哈,是在刀上玩的把戏。"老师一语中的,"你们被他的表面现象迷惑了。"

怪怪,你知道这是怎么回事吗?

 **答案**

原来,气功师是在刀上做了手脚。

刀的前端刀刃锋利,用来砍树枝、筷子等硬物,是表演给观众看的。后端刀刃很钝,用来砍自己的胸部,因面积大,压强很小,对皮肤不会有伤害。再加上气功师在挥刀时的技巧,看上去是重砍,实则是轻打。就这样把观众给忽悠了。

这是运用了压强的问题,使用同样的力作用在物体上,物体的面积小,压强就大;物体的面积大,压强就小。

咦,兔子竟吃便便

刘铭是个动物迷,他家养了不少动物,如金花鼠、野兔、家兔等。特别是他养的家兔和野兔更是有趣。

家兔是在春天养的,因养得早,身体就长得大,很有力气。野兔是在夏天的花生地里捉到的,刚捉到时跟一个稍微大一点的老鼠差不多,还长有毫毛。起初,野兔不吃食物,这可把刘铭急坏了,他急忙问当生

物老师的爸爸："爸爸，小野兔不吃食，怎么办呀？要不就会饿死的。"

爸爸说："农村夏季在花生地里拔草，捉到小野兔也是每年都有所闻，但几乎都没有养活，到后来都死了。"

"这可怎么办呀？"刘铭带着哭腔。他喜欢动物，可不想让活蹦乱跳的动物在他手里死去，这动物也是一条鲜活的生命呀！在地球村里，谁都有生存的权利。

"这样吧，我们只能试一试，我也没有把握，"爸爸出点子，"因它是草食性动物，只是太小，又不喝牛奶，植物它又吃不了。现在不是伏苹果刚上市吗？让你妈妈买一些伏苹果，我们看它吃不吃？"

"哈哈！还是爸爸有法子！"刘铭高兴地说，"我叫妈妈买苹果去。"

妈妈很快买来苹果，刘铭急忙切开一个苹果，将一半苹果放到了养野兔的笼子里。并说："我们马上离开，不要出声音，让小野兔不害怕地吃苹果吧。"

大家都乖乖地离开了现场。

半天后，哈哈，小野兔竟啃了点苹果。大家齐声欢呼："小野兔有救了！"

水珠引河水。慢慢地，小野兔吃起苹果，保住了生命。以后慢慢给他野菜吃，小野兔就这么养活了。

后来，刘铭看到小野兔在笼子里越来越伸展不开，就把它放到院子来养。

更有意思的事情来了。家兔本来养殖在院子里，再把小野兔也放出来。一大一小，蹦来蹦去，很有意思。

不用说小野兔要争家兔的食，家兔不肯了，只要野兔一出来，家兔就向它示威，吓唬它。小野兔不敢出来活动，只好趴在院子里的一个小草堆里。饿急了，就会出来和家兔争食，把小铁盘用牙齿一咬拖到草堆的空里吃。家兔会马上又拖回来。

哈哈，家兔和野兔打起抢食的拉锯战来。你来我往，真有意思！

这一天,刘铭看到家兔在吃自己的便便。他急忙跑回家对爸爸说:"爸爸,不好啦! 家兔生病了。"

　　"怎么生病了?"爸爸急忙问。

　　"我看到家兔在吃便便。"刘铭一脸愁云。

　　爸爸听了哈哈大笑起来。

　　"爸爸,你笑什么呀?"刘铭不满了。家兔吃便便,你说这不是神经病吗? 那便便能吃吗? 面对病兔怎么会笑呢! 一点同情心也没有,刘铭简直对爸爸有意见了。

　　"我笑你那么喜欢兔子,连这点知识都不知道。"爸爸不紧不慢地说。"家兔吃自己的便便不是病,是正常的生理现象。"

　　哇! 吃便便竟是正常的生理现象。这是怎么回事呀?

答　案

　　兔子是一种草食性动物。一般栖息在草原与农作物的地区,它吃嫩绿的青草以及农作物, 可有时也会吃自己的粪便。

　　原来,兔子虽然是草食性动物,可是不同于牛与羊,它的胃很小,不具备反刍功能。它白天吃了许多鲜嫩的牧草之后,往往会出现营养过剩的情况,到了晚上便形成软粪排出体外;然而到了晚上, 缺少草吃,营养也相对减少,第二天排出的粪便就硬。

　　兔子之所以吃自己的粪便,这是由于软粪中的每种营养物质已经呈半消化的状态,容易被身体吸收与利用。经过分析,兔子吃了软粪以后,合成的复合维生素 B 以及维生素 K 容易被小肠吸收,以提供机体生长所需。与此同时,软粪中含有的矿物元素也很有利于促进兔子机体对身体营养物质的摄取。

　　吃自己排出的软粪,也是一种充分利用营养物质常有的现象。可是家兔在人工饲养下,饲养充足,并且营养丰富,一般都不会出现吃自己粪便的情况。一旦食物缺乏时,它就会吃自己的粪便的。

"气传导"和"骨传导"

小倩是音乐爱好者,有事无事都要扯嗓子吼一吼,练一练。不知底细的人还认为她有点神经质呢。这就叫好者不误。小倩有她的一套理论:在不影响他人的情况下,在法律容许的范围内,爱怎么练就怎么练,这关谁的屁事?人家"大衣哥"在练嗓子的时候,不是也有人指指点点的吗?现在倒好,人家成功了,羡慕人家都还来不及呢。

咦,有些人就知道在人家没有成功之前,指指点点;在人家成功之后,就评头品足,唯恐天下不乱,这种人有嫉妒心。

看看,小倩竟有这样老道的见地,难怪她的爱好,不管别人怎么背后评价,她才不管它呢?免得影响自己成才。她认为成才就要有坚定的信念,持之以恒的精神,有成功的心理素质。

有一次,学校要举行歌咏比赛,班级里推荐小倩参加比赛。小倩既高兴,又有点担心。她虽然喜欢音乐,但始终没有在外人面前大声地唱,到底会唱个什么水平,是"大衣哥"的水平,还是小"瘪三"的水平,这她心里没有底。这时,小倩想到了录音机,自己一边唱,一边录下来,然后再播放。自己坐在一边像听众一样,听一听自己到底唱的怎么样?

噢,她想到这里竟情不自禁地笑起来。这叫蛤蟆吃花朵——心里美。

接着,小倩进入正题,清了清嗓子,在录音机上装上了一盘空白磁带,随后唱了一支自己认为拿手的歌儿,并录了下来。

事有凑巧,刚录好歌儿,妈妈就下班回来了。

小倩想让妈妈惊喜一下,就放起刚才录下来的磁带,让妈妈听一听未来歌唱家的歌儿。

可是，一放出来，大家却大吃一惊，连小倩也吓了一跳。这是谁的声音？怎么一点也不像小倩的声音？

大家感到奇怪呀！怎么会这样，是不是录音机的质量有问题？爸爸否认。难道不是小倩唱的？大错特错，有爸爸作证。妈呀，这也不是，那也不是，这到底是怎么回事呀？

 答 案

正常情况下，声波是通过外耳和中耳传到内耳，即声波在充满空气的外耳道传到鼓膜，经鼓室腔内的听小骨传播到内耳，所以这种传导方式叫作"空气传导"，简称"气导"。除了气导以外，声波还有另一条捷径，这就是通过颅骨振动直接把声波振动传入内耳。例如，把敲击后的音叉，放在我们耳后乳突骨或前额骨上，我们也能感受到声音。我们把这种通过颅骨固体骨质传导的方式叫作"骨传导"，简称"骨导"。"骨传导"是声波通过颅骨、耳蜗，引起耳蜗内振动的途径。你用牙齿咬住机械手表的弦柄（上弦的柄），再用双手紧紧地掩住耳朵。这时，你听不见别人的说话声，却能非常清晰地听到手表的嘀嗒声。弦柄上的声音，还能经牙齿和耳朵附近的颅骨传到内耳去。

平时说话时，听到自己的声音是"气传导"和"骨传导"混合的声音，但觉不出有什么变化来。

当用录音机播放自己的声音时，这声音只通过"气传导"产生听觉，而没有"骨传导"这一途径，是单一的声音，自然觉得有点"失真"，不太像自己的声音。

哈哈，树木落叶有学问

小飞和小石是五年级一班的学生，是一对形影不离的好朋友。在班级里，他俩不但是数学兴趣小组的成员，还是科学兴趣小组的成员。他俩上学和放学都会在一起。用形影不离来形容他们最合适。

小飞和小石都喜欢科学。这个共同的爱好，把他们紧紧联系在一起。不过，两人也经常因为科学而争得面红耳赤，互不相让，谁也不妥协。在外界看来，他们两人脾气不和，但让人想不到的是，争论归争论，他们仍然是好朋友。

秋天，小飞和小石又走在放学的路上。忽然一片树叶落下，正好飘到小飞的头上，这引起了小飞极大的兴趣，并开始浮想联翩："哇！一片树叶正好落到头上，我会不会像牛顿那样一个苹果落到头上，发明万有引力那样也会发现点什么呀，将来名传千古，流芳百世呢。"

"哈哈，想得倒美。"小石在嘲笑他。"你也没有想一想你是小飞，不是牛顿。世界上只有一个牛顿。"

"喂！我还要告诉你，世界上还只有一个小飞呢。我不是有个美好的愿望吗？"小飞辩解，"从大的方面说这就叫理想。"

小飞想心事，不再和小石辩论。小飞想，秋天为什么要落叶？这是怎么回事？

随后，有不少树叶落了下来。小飞再一看，哦，地上落下了不少树叶。是啊，秋天已经来了，秋风扫落叶是最好的说明。小飞弯腰捡起一片树叶，看了看，对小石说："你说一说，为什么树叶一到秋天就纷纷落下来了呢？"

小石说："因为天气太冷，叶子就落了呗！"

"你说得不对！难倒松树就不在冷天气里吗？它怎么不落叶呢？"小飞想了想，说："我想树叶是被秋风吹落的。"

"我觉得不对。按照你的理论，没有秋风的地方就不落叶了？"小石问。"我提醒你，在热带雨林里，终年高温多雨，那里可没有秋风，但树叶照常落。你说这是怎么回事？"小石有理有据。

就这样，小飞一句，小石一语。都想找对方的弱点，强化自己的正确。如同是两人的辩论会，都想让对方进入自己设计的陷阱。

两人争论来，争论去，这个问题一时解决不了，小飞不再理小石。

小飞可是个有心人，秋天为什么要落叶？但小飞还是对这个问题一边想着，一边观察着。哦，怎么落下的树叶大都是背朝天呢？他急忙又对小石说："我发现怎么落下的树叶大都是背部朝天呢？"

小石听到小飞又有一个新的发现，感到很好奇。他低头细看，是啊，落叶大都是背面朝天的。但他转念一想，是不是行人走路对叶片产生了影响。急忙向路边的小沟里察看，哇！怎么神了，落下来的叶子大都是背部朝天呢？

小石对小飞说："哎，今天我才发现，你是大自然的有心人。"

"哦，这怎么说呢？"小飞感到奇怪，小石可从来没有对他说这种话。

"可不是吗，你在放学的路上，发现了两个重大的问题，不是最好的说明吗？"小石来了个实话实说。

是啊，应该说小飞很善于观察，发现问题就追根究底，抓住不放，这种精神可嘉。

这里，有两个重要的问题：一是秋天为什么会落叶子；二是为什么落叶总是背朝天？你给解释一下好吗？

♥ 答 案

问题一：因为秋天意味着冬天的来临，树木为了自我保护需要"休眠"，而越冬休眠树木本身也需要养分，为了调节自己体内物质的平衡，很多树都需要落叶，减少水分和养分的损耗，储蓄能量，等到条件适宜再重新萌发；而一些松柏之类的树木因为叶片像针尖一样，损耗水分和养分特别少，所以能保持常绿的时间就长。

落叶的生理基础是：叶柄本来是硬挺挺地长在树枝上的。到了秋天，随着气温的下降，叶柄基部就形成了几层很脆弱的薄壁细胞。由于这些细胞很容易互相分离，所以叫作离层。离层形成以后，稍有微风吹动，便会断裂，于是树叶就飘落下来了。

问题二：落叶总是背朝天，是由于一片树叶的背面与正面的结构不同造成的。

叶子的正面是由结构紧凑致密的细胞层组成，细胞一个一个像栅栏，排列紧密，称为"栅栏组织"，而叶子的背面细胞组成比较稀松，细胞之间有许多空隙，有点像海绵，称为"海绵组织"。这两种结构不同的细胞层，使叶子的背面和正面的密度有所不同，所以树叶落在地上时，自然是重的正面着地而背朝天了。

厚杯子和薄杯子

小刚和小燕是一对龙凤胎，只是哥哥比妹妹早出生十几分钟，他就成了老大。但小燕比哥哥长得还高，对外人来说，还认为小燕是姐姐呢。这一点小燕也不服气，干吗出生晚一点就是妹妹，可妹妹怎么会长得比哥哥高呢。当然这是小燕的理论。

一个寒冷的冬天，家里来了一个客人。爸爸不在家，妈妈在厨房

里忙里忙外,给客人烧菜。妈妈说:"小刚、小燕,你们给叔叔倒茶。"

小刚觉得自己是哥哥,就急忙跑到厨房里用电水壶烧开水。

不一会儿,水开了。小刚急忙找了一个很厚的杯子准备给客人冲茶。他刚要往杯子倒水,小燕却一把抢过那只很厚的杯子,换上一只薄杯子。对哥哥说:"要换一个薄一点的杯子,免得用厚厚的杯子,将杯子炸了。"

小刚却说:"不对,厚的杯子结实,怎么会破裂呢,薄的杯子才容易炸裂呢。"

"不对,薄杯子不容易炸。"小燕坚持。

"你不要固执己见,厚杯子结实,不容易炸。"小刚反驳,"要不,谁还要买厚杯子。"

"你不对!"

"错了,你不对!"

于是,兄妹俩就这样争论起来。唉,兄妹俩这样争论可从来没有的事情。妈妈也不知道哪只杯子容易破裂。客人还等着喝茶哩。

这如何是好呢?

你快帮小燕和小刚解释一下。

答案

> 小燕说得对。因为玻璃是热的不良导体,冬天把开水倒进厚玻璃杯子里,内壁首先受热膨胀,而外壁则需要一段时间后才能膨胀。这样,在同一时间内杯子壁膨胀得不均匀,会使玻璃杯子破裂。

顽皮猴子巧对付

秋天,山娃和爷爷一起到离家很远很远的大山里去采药。上山以后,祖孙俩花了半天时间砍竹子,割茅草,搭起一个简易棚子作为临时的家,晚上好在这里吃饭、睡觉。然后,他们就进入了大森林里。

大森林里,人烟稀少,药材很多,祖孙俩顾不得休息,挖了不少药材,然后背着竹篓回到新搭成的棚子。可当他们走到棚子时,感到奇怪呀,怎么搭得好好的棚子就剩下几根竹竿和几把茅草呢?那些茅草哪里去了呢?

爷爷见状,又气又累,坐在地上直喘气。山娃看到邻近的草地上还散落着零星的茅草,感到奇怪,这里人烟稀少,不可能有人来,那茅草怎么会搬家呢?必定是谁来动过。于是,山娃就随着地上散落的茅草寻去,走着走着,果然发现前面有一个搭的不成体统的草棚。山娃那个火就上来了。你们不会自己割草搭棚子吗,干吗要拆人家已经搭成的棚子?这样做也太不厚道了吧!山娃正要上去质问对方,当他走到茅草棚子时,突然有几个猴子顽皮地跳到了树上,并发出唧唧的叫声,似乎在说这是它的地盘,不要过来骚扰。

哦,原来是调皮的猴子干的好事。山娃顿时像泄了气的气球,没有气了。猴子爱模仿人的动作,是它的天性。原来,是猴子偷看了他们搭棚子的动作,也照样学起来。山娃回去对爷爷说了是怎么回事,祖孙俩只好不顾一天挖药的疲劳,重新搭棚子。祖孙俩一直忙碌到很晚才躺下休息。

可爷爷躺下后又犯愁了:"明天这些顽皮的猴子还会来捣蛋的,还会来拆棚子。得想个法子才行呀!"不多会儿,爷爷睡着了。可山

娃也一直没有睡着，他也在想法子，翻来覆去琢磨着……

猴子在远处啼叫，天已经亮了。山娃先醒了，走出草棚，去摘了一大堆毛栗子。爷爷醒来正好碰着，感到纳闷。山娃靠在爷爷的耳朵旁小声地说了他的办法，爷爷听后高兴地哈哈大笑起来。随后说："孩子，你这个法子好。"

不一会儿，太阳爬上山了，一群猴子来了，它们悄悄地躲在树上枝叶后面静静地观察动静。只见，山娃捧出一堆毛栗子撒在地上，使劲地踩着，猴子们看得出神。山娃使劲踩了一阵后，又把剩下的毛栗子撒到了棚子前面，和爷爷一起进到森林里挖药材去了。

傍晚时分，祖孙俩又从森林里回来住宿了。当他们来到草棚子前，看到草棚子完好无损。山娃望着爷爷，爷爷看着孙子，畅怀大笑起来。

怪呀，山娃就用脚踩一踩毛栗子，顽皮的猴子就不来破坏了吗？稀奇，稀奇，真稀奇，这到底是怎么回事呀？

 答　案

原来，山娃是利用了猴子爱模仿的习性。猴子看到山娃是用脚使劲地踩毛栗子，当山娃祖孙俩走后，猴子们从树上纷纷跳下来，也照样用脚使劲踩毛栗子，谁知又硬又尖的刺深深刺进了猴子的脚掌。它们痛得尖叫起来，一瘸一拐地逃走了。

到底谁先知道

夜晚，圆圆的月亮把树林子照得透亮透亮。

林子里，栖息着很多动物。

不一会儿，蝙蝠飞出树洞，看到老鹰和麻雀都飞回来了。

蝙蝠说："你们都回来栖息了，但我却要去上班。这自然界里有休息的、有工作的。这多有意思呀！"

"是啊，我们居住在这里，多亏松树公公的关照。"老鹰说。

"对呀，如果没有松树公公，那么我们就不会在同一棵树上栖息。"麻雀接着说。

"是啊，我们虽然在松树公公的怀抱下，但很少交流。"蝙蝠说，"那我暂时不去上班，我们不妨聊会儿。邻居吗，这是很重要的。不是有句话说：'千金买产，八百买邻嘛。'是有道理的。"

于是，蝙蝠、老鹰和麻雀就天南地北、海阔天空地聊起来。

说了一会儿，蝙蝠就转换了话题。说："我在这里之所以能够生存下来，得益于我的耳朵灵。"蝙蝠要聊一会儿，就是想卖弄一下自己的本领。

"哦，怎么灵法？"麻雀有意识地问。

"有的声音谁都听不见，可是我耳朵就能够听到它。你们的耳朵都不行。"蝙蝠骄傲地说。

老鹰不屑地说："你用的是耳朵，但我用的是眼睛，那我的眼睛可真叫眼睛。"

"哈哈，老鹰，眼睛就是眼睛。这还有区别吗？"麻雀感到不解。

"你听着，看看我的眼睛是不是与众不同。"老鹰不紧不慢地说，"我在 3 000 米的高空，是 3 000 米呀！会把地面看得清清楚楚。科学家根据我眼睛的特点，制成了一种仪器'鹰眼'，把这种仪器装在飞机上，就能把地面上的一切，看得很清楚。"

"这有什么？"蝙蝠说，"我在飞行时，一边飞，一边从喉部发出一种声音。这种声音叫超声波，人的耳朵是听不见的，我的耳朵却能听见。超声波像波浪一样向前推进，遇到障碍物就反射回来，传到我的

耳朵里,我就立刻改变飞行的方向。科学家根据我耳朵接受超声波的能力,还发明了雷达。雷达懂不懂?雷达在现代应用极为广泛,无论人类在海上、还是陆地上、空中都有应用,用于定位,测速,搜索,侦察等,用处大着哩。"蝙蝠说到这里声音特别高,似乎有意拔上去,唯恐别人听不到。

"唉,你们的特点与众不同。我羡慕死你们了!"麻雀打着瞌睡说,"蝙蝠你去上班吧,老鹰你就睡觉吧。别吵了!"说完,就呼呼地睡着了。

突然,叭的一声,大约在1000米外,有人放了一枪,吓得它们三个都飞走了。

第二天,夜幕降临。蝙蝠、老鹰和麻雀又在松树公公的怀抱遇见了。于是,就谈论起昨天的事情。

麻雀的腿被子弹打伤了,用纱布包着,他瘸着腿气呼呼地说:"准是你们大声争吵,让人们听见了,害得我在睡梦中挨了一枪,幸亏我最早察觉开枪,立即飞走了。否则的话,早就没有命了,多亏我的命不该绝!"

"你讲得不对! 最早发现开枪的是我!"蝙蝠抢着说,"是我最先听到开枪的声音的!"

"可是开枪的火光,是我的鹰眼最先看到的!"老鹰争着说。

三个伙伴,都说自己最先知道开枪的,争来争去,谁也说服不了谁。吵得没有法,麻雀说:"我们这样吵下去,永远没有结果。如果声音太大,很可能招来杀身之祸。我们干脆找松树公公评评理,大家说好不好呀?"

"不错! 这样会有结果的。"于是,大家同意让松树公公给裁判一下。

松树公公也没有推辞,它知道这样毫无休止地争论下去,没有什么结果不说,还会招来不测。于是,就给大家评价了一下。松树公公

有理有据，大家听后，都没有再说什么，佩服地点了点头。

哈哈，你知道松树公公是怎么评价的吗？

怪呀，哪来的椰子树

徐眺的爸爸是个植物分类学家，经常出国考察。可能是徐眺受爸爸的影响，从小就喜欢植物。他在家就养了不少植物，定期浇水、施肥，观察和记录植物的生长。在假期里，徐眺还会同爸爸一起到各地去考察各类植物。在考察中，徐眺学了不少知识，也积累了不少野外考察经验，这些都让他大开眼界。

有一次，徐眺和爸爸又到小岛考察。这个小岛，徐眺和爸爸6年前来过。这是一个不是很大的小岛，到处长满了野草，还有不少开小花的植物。不过，这里并没有椰子树。当时徐眺的爸爸说："如果这里再长一些树木就好了，特别是长一些椰子树，这个四周环海的小岛就会更加美丽。"

　　当徐眺和爸爸踏上这个小岛后,感到这里大变样了。这是怎么回事?是记错了,还是小岛真的发生了变化?徐眺的爸爸拿出地图来一查,一点也没有错。这个岛他们的确在 6 年前来过。一点也不错,千真万确。

　　可是,这眼前的景色着实让徐眺和爸爸吃惊不小。当时徐眺的爸爸还大发感慨,要是长有椰子树小岛会更美。这不,还真的长出了椰子树,还十分茂密。不能不说是一个奇迹。这是怎么回事,怎么长野草的小岛会长出椰子树?徐眺如坠五里雾中,不知这是什么原因?小岛长树总不能按照人的意识来长吧,徐眺和爸爸是普通的凡人,没有呼风唤雨的本领,也没有孙悟空吹点仙气就会吹出小猴的本领,可这就怪了!

　　"是不是有人来栽上的?"徐眺第一个提出了这个问题。

　　徐眺和爸爸一起沿着小岛巡逻了一遍,根本没有找到有人来过的痕迹。更确切地说,是 6 年没有人来过。

　　通过考察可知,6 年来,没有人来过。原先没有的椰子树现在有了。

　　徐眺的爸爸看着眼前的椰子树,感到生命力的强大,自然界的神奇。他不免浮想联翩,他几十年如一日,对自然界进行考察,发现了不少自然景观,但也没有发现如此神奇的事情。他看着,想着,心中不免回忆着以前所接触到的知识,忽然他眼前一亮,对徐眺说:"孩子,我知道是怎么回事啦!"

　　"哦,爸爸是怎么回事呢?"徐眺如同发现了新大陆一样的激动。

　　爸爸就如此这般地给徐眺讲了起来。

　　小朋友,你知道椰子树是怎么来的吗?

吃过椰子的人都知道，椰子的果皮分为三层，外层薄而光滑，质地致密，抗水性较好；中层厚而松散，充满空气，质轻而漂浮于水上；内层是坚硬的果核，核内有一层洁白的椰子肉和清甜的椰子汁，它们为种子的生长发育提供了充足的养料，再里面才是椰子树的种子，因此，椰子树具有很强的漂浮能力，常常可以在海中漂泊数月，然后在适宜的海岸上安家落户，发芽生根，开花结果，繁殖下来。椰子会随海漂流到别的岛屿，在那里扎根生长，安家落户。这也是为什么椰林多是生长在海滩上的缘故。

山鼠竟天大花蛇

在非洲的山林里，住着一家山鼠。

山鼠妈妈养了四个孩子。孩子们长得很快，吃东西也很多。这可忙坏了山鼠妈妈。每天一大早就要出去找食物。山鼠妈妈虽然苦点、累点，但看到孩子茁壮成长，打心眼里高兴。有时候和孩子玩一会儿，会给它带来无穷的乐趣。山鼠妈妈享受养育孩子的天伦之乐。

这天，天气不好，山鼠妈妈决定多准备一点食物，免得下雨时找不到食物，饿着孩子。它对孩子们说："乖乖，我要外出去采一点蘑菇，希望你们在家里乖乖地，不要到处乱跑，千万不要让大花蛇看到。宝贝，再见！"

"妈妈再见！"孩子们高兴地说。

妈妈急急忙忙上路，要采到蘑菇需要走一段山路。

山鼠妈妈走了不一会，一条大花蛇路过山鼠的家门口，它听了听

家里没有大山鼠，是小山鼠在吵吵嚷嚷。于是，就爬进洞把小山鼠都给吃掉了。

山鼠妈妈知道孩子在家里不会太安分，怕出事儿。到了有蘑菇的地方，它很麻利地采着蘑菇。很快，山鼠妈妈就采了一篮子蘑菇，背着急急忙忙赶回家。

可山鼠妈妈走到家里，听一听静悄悄的。它想，孩子们终于长大了，听妈妈的话，没有胡闹，心里不免一阵欣喜。当山鼠妈妈走进家一看，哦，孩子们哪里去了，是不是跟自己在捉迷藏呢？它高兴地说："孩子们！出来吧，妈妈回来了。"

妈妈喊过之后怎么还没有动静呀？山鼠妈妈不禁心口跳起来："是不是孩子遇到不测了呢？不！不不！不能这样咒孩子!"可山鼠妈妈在家里找来找去，竟没有找到自己的孩子。"天呢！我的孩子可能被死对头大花蛇吃掉了！"

山鼠妈妈悲悲切切跑到大花蛇的门口，用爪子使劲地敲打大花蛇的洞壁。在家睡觉的大花被惊醒了，不耐烦地说："什么事，不让人家睡觉呀！"

山鼠妈妈说："我是山鼠，你动没动我的孩子呀？你把它们藏到哪里去了？"

"哦，我想起来了，"大花蛇睡意蒙眬地说，"动过，不动怎么会到我肚子里。哈哈!"

"好呀！你这个坏蛋！"山鼠妈妈咬着牙说，"我要你为我的孩子付出代价！"

"笑话，你会让我付出代价?"大花蛇这会儿醒来，"难道你要送来给我作美餐?"

"你想得倒美!"山鼠妈妈肺都要气炸了，"我们明天要和你决斗！"

"我只说一个字——'好!'"大花蛇在气对方，"我再说两个字——

'决斗！'记住要在那棵老槐树下。"

"回答得好！"山鼠妈妈简直要气疯了，"明天在老槐树下见！"

山鼠妈妈只好回到已经残缺的家里。它越想越悲伤，不禁号啕大哭起来。这悲切的哭声，令人心碎。不少听到哭声的山鼠过来了，劝导山鼠妈妈。别人越劝，山鼠妈妈哭得越厉害。其中一只年龄比较大的山鼠说："山鼠妈妈，你也不要再哭了，光哭也不能解决问题呀。这样吧，我们山鼠家族不是有一个传统吗，不妨我们明天组成敢死队，同大花蛇比个高低，为你的孩子，为我们山鼠家族报仇！"它的这个建议大家一致通过了。

第二天一大早，一场生死搏斗就开始了！

大花蛇扭动着身子傲慢地说："山鼠妈妈，你听好，你的孩子是被我吃掉了。但是不吃掉你的孩子，我就要吃掉别的山鼠的孩子，这对山鼠家族来说是一样的。你还有什么要说的呢？"

"我没有什么要说的。"山鼠妈妈说，"那我们按照昨天的约定决斗吧！"

这时，一只老一点的山鼠走到大花蛇面前，就跳起山鼠舞来，在大花蛇眼前晃来晃去。

大花蛇不停地扭动着身子，刚要张口，山鼠早就跳到一边去了。大花蛇再转过身子去对付它。哈哈，山鼠很机灵，又跳到一边去了。大花蛇恼怒了，喘着气恨不得把这只老山鼠一口吞到肚子里。玩了好一会儿，山鼠可能累了，竟乖乖跑到大花蛇的嘴边，大花蛇把嘴一张，哇！就被它吞到肚子里去了。这时的大花蛇得意洋洋："你们还敢决斗吗？"

"怎么不敢！"一只老的山鼠一边说着，一边冲上来。又同那只老山鼠一样，来挑逗大花蛇，使大花蛇恼怒，身体不停地摇晃。

大花蛇本想很快结束战斗，但忽然觉得身体不好受，有点不听指挥了。眼看又一只山鼠要遭殃，这时却见大花蛇喘着粗气，突然倒在

地上滚了起来，脑袋不停地晃动起来……

说时迟，那时快。山鼠妈妈急忙冲上去撕咬起大花蛇来，其他山鼠也都冲上去咬大花蛇。大花蛇的肉被山鼠撕咬着，鲜血不停地流下来。大花蛇竟斗败了，不大会功夫就被山鼠咬个稀里哗啦！

大家感到奇怪呀！大花蛇怎么刚吃了一只老山鼠就倒下了呢？这不是太奇怪了吗？

咦，你知道其中的道理吗？

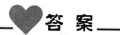

答案

　　非洲的这种山鼠，非常具有献身精神。蛇是山鼠的主要天敌。当它们与蛇遭遇不能脱身的时候，就会有一只大山鼠主动"献身"于蛇口。当一只山鼠不能使蛇麻醉倒地时，就会有第二只山鼠"前赴后继"，直到大蛇被麻醉倒地昏死过去。原来，这种山鼠能分泌一种麻醉性物质。那些勇于献身的山鼠，不仅保护了同伴，而且为大家换来了可口的食物。非洲山鼠在危急时刻，充当了"敢死队员"的角色，实在令人佩服。不过，小的山鼠身上的麻醉剂太少，不能对蛇身体造成危害。

哎，为迷路者支招

在班级娱乐活动班会上，黎明对大家说："我这里有璐璐的一篇童话作文，我感到挺有意思的，就选取了一部分给大家读一读，还有些问题要问大家，请大家帮我解答。大家说好吗？"

"好！"同学们异口同声地说。

"童话作文是这样的。"黎明有声有色地读道：

小梅要到奶奶家，她走在开着美丽小花的路上。小梅刚想摘一朵小花给奶奶，不巧，一阵大风刮来，把她卷到了高空。小梅在空中也不知进行了多少个身体翻转，终于落到了一个软绵绵的地上。小梅睁开眼睛一看，自己是落在沙漠上。这里没有房子，没有路。转眼天就黑了，这向哪里走呀？小梅急得哭起来。

站在小梅旁边的一棵小沙柳问："小姑娘，迷路了吧？你要到哪里去呀？"

"到奶奶家，奶奶家住在北山下。"小梅哭着说。

"北山？"小沙柳指着北方的天空，"你看，那边有颗明亮的星星，像一把勺子，那就是北斗星。你朝着北斗星走，准能找到北山。"

小梅挺起胸脯，勇敢地往前走。走呀，走呀，黑夜渐渐过去，天边升起了太阳。

这时，小梅又不知道向哪边走了。又急得不知所措。

沙漠里有一只骆驼赶来了，它知道小梅迷路了，就说："现在，我们根据太阳就可以确定哪个方向是北方了。"于是，常年在外的骆驼给小梅介绍了怎么根据太阳找北方（问题一，这里省略 100 多字，等你回答）。

小梅走了一段路程，忽然，天气有所变化，太阳隐身了。没有太阳，这怎么找北方呀？小梅又在犯愁。

小鹿见小姑娘迷路了，就对小姑娘说："小姑娘，你瞧，远边的山坡上有的有雪，有的没有，根据雪融化的情况就可以判断出北方来了。"于是，就交给小梅怎么根据积雪的情况判断方向（问题二，这里省略不到 100 字，等你回答）。

小梅根据小鹿的介绍继续往前走路，她走过了雪山，不知不觉来到了一片森林，这里的树好多好多，好大好大。哎，这怎么判断方向呀？

哎，小梅想起来，在学校学过救生常识，可以根据树桩判断方向（问题三，这里省略 100 多字，等你回答）。

咦，这时的小梅心里有了希望，来了精神。按照树状判断出了方向，终于走出了森林。

前面有一个戴着工作帽的地质人员，似乎在那里测量。

小梅急忙跑过去，大喊："叔叔，您好！"

地质工作人员被小梅的突然出现吓了一跳。"叔叔，不好意思。"小梅说，"我现在迷路了。不知怎么到北山。我奶奶就住在那里。"

"小姑娘，北山不远了。"这位叔叔从衣袋里取出一个小圆盒，里面有一个指南针，"我们利用指南针就可以确定去北方的路了。"说着，就操作起来（问题四，这里省略 100 多字，等你回答）。

接着，这位叔叔牵着小梅的手，指了指前方，说："你沿着这个方向再走不远，就是北山的奶奶家了。"

"谢谢叔叔！"小梅急忙朝奶奶家的方向走去。

哈哈，终于到了奶奶家了。可不，在一座整齐的房屋面前站着的不正是奶奶在等待小梅吗！

这时激动的小梅高喊一声："奶奶！"扑向奶奶的怀里……

"到此，这篇作文就结束了。"黎明深有感慨地说，"我们在这里且不去论作文长短，我们就是对刚才省略的内容进行回答。"

哈哈，这篇作文介绍了当遇到迷失方向时，如何判断方向的问题。对此，你能够对上面的四个内容解释一下吗？

 答 案

问题一，根据太阳判断北方：对于住在北半球的人来说，如果太阳刚出来，可以面对东方升起的太阳，左边就是北方。正中午的时候，面对太阳，太阳在南边，相反的方向是北边。太阳落坡的时候，面对太阳，对面是西，右边是北。

或背对着太阳，你的眼睛所视的方向：清晨是西方，中午是北方，傍晚是东方。

问题二，根据山上的积雪判断北方：太阳出来的时候，朝南的山坡上的积雪容易融化；朝北的山坡不容易融化或积雪相对要多。

问题三，根据树状判断北方：树状上有一圈一圈的纹路（年轮），圈儿排得稀的一边，就是朝南。因为朝南的一边，阳光充足，树生长得快。圈儿密的一边，就是朝北了。或找一颗树，其南侧的枝叶茂盛而北侧的则稀疏；大树北边长有较多的苔藓等植物；树上果实多的是南方，少的是北方。

问题四，利用指北针找北方：当指北针的磁针静止后，其N端（通常都有标志）所指的方向即为北方。利用指北针辨别方向是十分简便快捷的，但是需要注意：

1. 尽量保持指北针水平； 2. 不要距离铁、磁性物质太近；
3. 不要错将磁针的S端当作北方，造成180°的方向误判。

踩扁的乒乓球

一天，小猴子和小狗熊一起打乒乓球。打了一场又一场，但还没有分出高低。

小狗熊一个抽杀，球在台子上弹了几下，落到了地上，直往外滚。

它追着捡球,一不小心把乒乓球给踩瘪了。这怎么办呢?

要知道,这只乒乓球是从很远的地方买来的,当地没有。如果修不好这只乒乓球,不仅要受到等着比赛的小兔子、小花鹿的责备,更要受到爸爸和妈妈的埋怨。要知道,为这只乒乓球,爸爸和妈妈托了几个人帮助才买来的。

想到这些,小狗熊急得哭起来。

这时,小山羊大摇大摆地过来了。当它知道是怎么回事后,不屑地说:"这好办,只要我轻轻地捏一捏乒乓球就会重新鼓起来。"说着,就把乒乓球拿过来,捏来捏去,但乒乓球不但没有捏好,反而越捏越扁了。

"这可怎么办呢?"小猴子感到很难过,如果修不好乒乓球,老猴子也会埋怨它的:干什么也不找一个手脚麻利的人,干吗要找笨手笨脚的小山羊。

正巧,心里念叨着老猴子还真的来了。老猴子了解情况后,说:"这好办,把它放到热水里泡一泡就行。"说完,去找来一只带盖的杯子,倒上一杯热水,把乒乓球放到里面,并盖上了盖子。又以教训的口吻说:"不管干什么,要动脑子才行。世界上的许多事情,只靠力气还不行,还要开动脑筋,用科学的原理,解决现实中的一些问题。"随后,它打开杯盖,拿出乒乓球,大家一看,哇!乒乓球又变得圆溜溜的。

这时,小山羊脸红一阵,白一阵。不服气地咕噜道:"这有什么,不就是热水进去了,把憋的一面给顶了起来。"

"哈哈!哈哈!"大家大笑起来。大家都在笑小山羊在说胡话哩。

咦,老猴子这样做的道理你知道吗?

　　原来这是空气热胀冷缩的原理。当空气被加热后，空气分子的运动会加快。这使空气的体积随温度升高而增大。在这一过程中，球内空气的分子数量并没有增加，只是分子之间的距离被拉大。这样，瘪了的乒乓球就逐渐复原。还有，乒乓球的外皮受热变软，也有利于复原。

巨轮和小石块

　　绿叶森林里有一只猴子，它有一个特点，就是特别善于学习。它知道人类聪明，于是，它时时处处跟着人类学习。不过，不能跟人类直接打交道，而是要跟人类偷学。这种精神可敬可佩。

　　有一天，猴子突然听到两个过路人的谈话，说的是海上各种各样有趣的事儿。说什么海上的巨轮快要到码头了，要卸下很多货物，将这些货物堆起来，足可以成一个小山。

　　"妈呀！成一个小山。"猴子想，"真是了不起。要是我亲自去看一看该多好呀！可惜，我是一只猴子。不！猴子有什么不好，身手灵活，可以在树上荡来荡去，要多自在就有多自在。"

　　是啊，大海，令人向往的地方。猴子想，我还没有见过大海，如果在有生之年不去看一看大海，这一生真算白活了。于是，猴子决定一定要到海边去看一看。

　　猴子不知走了多少距离，终于来到了大海边。这大海确实是辽阔的，白浪滔天，可以荡涤心灵啊！

　　哇！大海这样好玩。猴子首先看到一艘巨轮在海面上行驶。猴

子感到奇怪：海水的力量一定很大，否则，一艘巨轮怎么会漂浮在水面上呢？于是，猴子随手拾起一块石块，向海水里投去。它想，既然海水能够飘起一艘巨轮，那肯定会飘起一块石头。我何不用石块铺一条路，走近巨轮，好好看一看巨轮呢，来个面对面的观察。

可是，猴子投的第一块石块竟落到海水里去了。它想，可能扔的不对头吧。结果，它继续以不同的姿势扔，但不管怎么扔，石块统统都落到海水里了。

这是怎么回事呀？

猴子感到不解了，这也太不公平了。巨轮那么庞大，那么沉，怎么会浮在水面上，而小石块那么小，那么轻，怎么就会沉到水里呢？

猴子急得抓耳挠腮，苦苦思索，但就是不知道是怎么回事儿？

是啊，大轮船都是用钢造成的，钢比水重7倍多；船里所载的货物如粮食、机器、建筑器材等也都比水重得多，为什么船载了这么重的东西还能漂浮在水上呢？

哎，你帮助猴子解释一下好吗？

♥答案

　　要解答这个问题，我们可以做个试验：把一张薄铁皮放在水里，它立刻就沉下去了；如果把这张铁皮做成一个盒子，重量没有改变，它却能漂浮在水上；不仅如此，在盒子里再装一些东西，盒子也仅仅下沉一些，仍能漂浮在水面上。这是因为盒子的底面上要受到水的压力，这种压力就是竖直向上的浮力，只要浮力大于铁皮的重量，就托住了铁盒使它不会下沉。

　　当然铁盒的四周同时也受到水的压力，不过它前后两面所受的压力大小相等，方向相反，相互抵消了；左右两面的压力也同样相互抵消了。浮力是随着水的深度而增加，随着物体浸没在水里部分的体积增大而增大的。因为铁盒子的体积比铁皮大得多，排开水的重量也大得多，所得到的浮力也大得多，所以盒子里装的东西还能浮在水面上。大轮船能浮在水上的道理也是一样的。物体浮沉的定律，是2000多年前古希腊学者阿基米德发现的，准确地说："作用于水中物体上的浮力的大小等于物体所排开水的重量。"船愈大，吃水愈深，就意味着船所排开水的重量愈大，船所得到的浮力也愈大，当然也就可以装载更多的东西

　　是啊，物体在水面受到的浮力等于其自身排开水的体积的重量。小石块排开的水的重量，远远小于小石块本身的重量，所以会下沉。

一场上坡、下坡的比赛

　　小花狗和小白兔都住在一个山坡上，经常在一起玩耍。它们谈天说地，无所不谈。

有一天，小花狗说："我们两个到底谁跑得快呀？"

"我跑得快！"小白兔毫不客气地说，它认为，自己的父母动不动就跑，以跑见长，来逃避敌人，自己应该继承父母的本领，也应该善跑。

"我跑得快！"小花狗不承认。谁都知道狗能捉兔子，如果跑得比兔子慢的话，会追捕到兔子吗？

于是，它们就争论起来。

"打住，小白兔。"小花狗想了想说，"我们居住的山上，有一个很长的山坡，山坡很长，是一条好跑道。我们何不来个比赛一见高低呢，免得还要争来争去。怎么样？"

一听说比赛，小白兔马上说："好办法，我们干脆比赛一番吧！"

"不过，我们比上坡，还是比下坡呢？"小花狗说。

"比上坡、下坡都一样。"小白兔连想也没有想，"随你的便吧。"

不过，小花狗却动了脑筋，心想：上坡要比下坡累，肯定不会一样的。要比体力自己肯定比小白兔强，比上坡肯定会胜。到底有几多胜算，还没有十足的把握。

小花狗听说过乌龟和小白兔赛跑的故事。跑得慢的乌龟竟跑到了小白兔的前面，这里有什么技巧呀？

于是，虚心的小花狗跑到乌龟府上拜访。乌龟知道小花狗的来意，哈哈大笑后，说："哪里有什么技巧呀。当时，我虽然落后，但我有一个目标，一个劲地向前跑。可小白兔太骄傲，认为我怎么也跑不过它，在半道上打瞌睡。不输就怪了。"

"这一会儿，我同小白兔赛跑可不能打瞌睡，要一个劲儿不停地跑才对。"小花狗深有感触地说。

"赛跑嘛，不光拼的是体力，还需要技巧。"乌龟发表自己的言论。"把自己的特长拿出来，才有胜算的把握。"

"那我跟小白兔比赛是比上坡，还是比下坡呀？"小花狗征求

意见。

乌龟想了想,说:"如果要你挑的话,你应该和它比下坡。"

"哦,比下坡?"小花狗感到好奇,"那是为什么呀?"

"哈哈,至于为什么嘛,那就免了。"乌龟狡猾地一笑,说,"到比赛的时候,其长短就会清楚了。"

小花狗谢过乌龟,走在回家的路上。它想,乌龟讲得是有道理的。不是有千年乌龟的说法嘛。岁数大,智慧就多。如果要我挑的话,我同小白兔比赛应该比下坡。

小花狗约好小白兔出来定下比赛时间。对小白兔说:"如果你对比赛场地是上坡,还是下坡没有意见的话,我想同你比赛下坡。怎么样?"

小白兔对挑选比赛场地想也没有想,不就是比赛嘛,只要快,怎么比赛都一样。

终于迎来了比赛的这一天。小猫当裁判员,说:"各就各位,预备。"呼的一声枪响,小花狗、小白兔飞快地冲下坡来。只见,小花狗一路领先。小白兔却是连跑带摔,一个劲地翻跟头……

围观者感到不解,小白兔怎么跑还翻着跟头呢?

"唉,它不是情愿翻的。"另一个围观者发表评论。

看热闹的人们,起初多半认为是小白兔获胜,但到最后是小花狗获胜,这超出了人们的想象。小花狗跑得真棒!

小白兔自己感到纳闷:怎么会输掉呢,看平时的赛跑自己占优势呀?唉,想起来了,要不是下坡翻跟头的话,我就不会输了。哦,下坡跑急了,就翻跟头。糟糕!

再说,小花狗明白了,乌龟为什么叫它比下坡。这是胜利的关键。

哈哈。乌龟为什么会料到比下坡小花狗会胜利呢?

　　乌龟分析，小白兔前腿短，后腿长。上山坡，后腿用劲蹬，省力而轻快，可能比小花狗跑得快。可是比下坡，小白兔前腿短，往下冲吃劲，坡道又陡，就会翻跟头，这样必定影响比赛速度。

　　小白兔没有想到自己的短处，又不动脑筋，随便答应比下坡，所以失败了。

芝麻一霸

　　"喂！大家注意了，我现在给大家玩的魔术是芝麻一霸，其他芝麻都怕它。"玩魔术的孟帅大声喊着。

　　刷的一下，大家的目光都集中在了这个玩魔术的人身上。

　　有意思，张大海什么也顾不得了，急忙钻进去看了起来。

　　"通常说：'人有好人，鬼有恶鬼'。"魔术师孟帅满腹经纶，"就是芝麻之中也有'好'与'恶'之分。各位观众大家信不信呀？"

　　"芝麻怎么能有'好'与'恶'呢？"观众不同意他的理论。

　　"我们不相信。"有人大声疾呼。

　　"哈哈！有的观众是不见棺材不落泪，不到黄河心不死。相信的只是眼见为实。好吧！我今天就叫你眼见为实，今生难忘。"魔术师孟帅很会煽动，接着就给大家展示，"我手里拿了30多粒芝麻。这里还有一碗水。我把芝麻放在水里，芝麻会不分彼此。但我把恶芝麻放进去后，众芝麻就会刷的一声远离它，大家说众芝麻不是怕它吗？"

　　"哈哈！怎么会有这事儿？"张大海不信，"不就是一粒芝麻吗？怎么会有这样的本事？故弄玄虚。"他喜欢遣词造句。

"大家看。"魔术师孟帅说着就把许多芝麻放了进去。

"是啊,芝麻浮在碗里没有什么。"张大海看得真真切切。

"好。"小魔术师孟帅说,"我现在给一粒芝麻念一个咒语,再把它放进去。"一阵唧唧呱呱,做了几个怪傻的动作后,他就把一粒经过念咒的芝麻放进了碗里。

"哇噻! 原来的芝麻像看到瘟疫似的避开了它!"观众看在眼里,疑惑在心理。

"怎么会这样呢?"张大海眼见为实,但他百思不得其解。"难道芝麻里真有恶与善之分吗?"

"这位魔术师,你的魔术怎么会这样呢?"张大海谦虚起来,"你能告诉我吗?"

"各位朋友,各位观众,会看的看门道,不会看的看热闹。"小魔术师孟帅说,"我这一手是吃饭的家什,我告诉了你就等于把饭碗交给了你,我今后吃什么呀? 喝西北风? 你觉得有意思就自己钻研,自己搞清楚这个问题喽!"

"还保密!"张大海嘟噜着,"哪位大师可以告诉我原因呀?"

猜一猜,这里有什么玄机呀?

 答案

那一粒芝麻是浸过了中性洗衣粉的芝麻,与原来的那些不一样。浸泡过中性洗衣粉的芝麻放到水里,中性洗衣粉减少了水的表面张力,所以其他芝麻都向四周游动,看上去是在避开那粒"恶"芝麻。

一脚独立

秋高气爽,燕子飞回南方去了。随着气候的变化而迁移的鸟叫作候鸟。大湖沼泽边的苍鹭，却老是守候在沼泽地带，还有我们时常看到的麻雀、鸽子等鸟类，不会随着气候变化而迁移，老是在出生地转悠，这样的鸟叫留鸟。

你看，一只苍鹭迈着长腿，在冰冷的浅水里踱来踱去，不时地伸展细长的颈项，张开金黄色的小嘴，啄食浅水里的小鱼、小蟹和小虾。它正向一只青蛙游去，小青蛙机灵一跃，巧妙躲过了危险的袭击，藏在芦苇荡里。它找了一个隐蔽的地方观察起差一点对自己开杀戒的对手。过了一会儿，可能是苍鹭吃饱了肚子，安静地屈起一只脚，靠着一只脚站立着。哦，小青蛙以前还真没有仔细观察过苍鹭哩。一只脚支撑着巨大的身体，了不得。

"你呆头呆脑在思考什么呀？"一只野鸭对着正在发愣的小青蛙发问。

"我在观察苍鹭呢。"小青蛙很感兴趣地说，"这苍鹭多古怪呀，八九十厘米高的身子，够重的。老是用一条腿站着，这累不累呀？"小青蛙指着苍鹭站立的姿势说。

"这苍鹭在南方叫'青庄'。可是在北方，人们管它叫'老等'，在等着你下酒呢"野鸭打趣地说。

"等我？"小青蛙说，"说得没有错，刚才差一点就把我当下酒菜了，多亏我机灵，躲了过去。"

"哦，这么玄乎。"小野鸭瞪大了眼睛。

在它们说话的当儿，苍鹭把原来屈起的脚杆伸到了水里，却又屈起了原来站立的脚杆。

"咦，小青蛙。"小野鸭说，"你不要以为它一只脚站着，独一无二，实际上，有不少鸟儿都有这习性。你知道鸟类为什么要一只脚站立着吗？"

"哈哈，我怎么会知道，要知道的话，我怎么会问你呢？"小青蛙感到小野鸭说话不会动脑子。

哦，鸟类为什么要一只脚站立着，你告你它们好吗？

鸟儿用一只脚站着，我们可以见到不少。成语金鸡独立，原指鸡用一只脚站立。

鸟儿常用一条腿站着就只是为了让腿脚轮流放松一下。这要从鸟脚的结构说起。鸟的脚站立时脚趾张开是需要让肌肉紧张的，当腿弯曲时，脚趾就会自动扣拢，所以鸟儿无法弯着腿，要张开脚趾站在地面上！张开脚趾站在地面上时间长了，肌肉就会持续紧张，所以需要弯曲脚趾放松一下，而为了让脚趾弯曲，就只能收起腿。

如鹤，当它睡觉或休息时，就用一只脚站在地上，另一只脚收缩起来，靠近腹部休息。过了一会儿，再放下另一只脚来替换。这样用两只脚反复交换站着，自然不会感到吃力。同时，如果发现敌人来了，它会立即放下收缩的一只脚，张开翅膀飞离。这也是自然选择的结果。

还有，在冬季，一只脚站着，要比两只脚站着减少热量的散失。

哪种蜡烛先流"泪"

昨天夜里停电，导致彭安作业没有完成，使彭安一晚上嘀嘀咕咕，让家长不得安宁。彭安说："完不成作业要罚站的。"

"现在，不兴体罚学生，怎么会罚站呢？再说这是一次特殊情况，我们家的手电正好也没有电了，真是巧事都碰到一块了。"妈妈说道，"向老师好好解释一下就行了。"好说赖说，总算让彭安给"封口"了，家里才出现了安宁。

为了家里的安宁，第二天，爸爸早早就给彭安买来了一大一小两包蜡烛,以备停电之需。

彭安面对一大包蜡烛,十分高兴,不是为了学习,而是为了玩游戏。他请来了几个同学,要同他们玩蜡烛的游戏。

这不,游戏已经开始了。

"现在我们进行一场游戏 PK。"彭安对同学说,"我们这一次游戏比赛是先答理论,后动手做。共分为 2 组,第一组有两支蜡烛,粗细一样,一支蜡烛芯留的较长;一支蜡芯剪得很短。大家说,把它们同时燃烧,哪一支蜡烛先流'泪'呀?"

"哎!蜡烛芯长的先流'泪'吧?"姜力不敢肯定。

"蜡烛芯短的先流'泪'吧?"吴昊也说不定。

"我只能按照你们说的算分。"彭安说,"第二组也有两支蜡烛:一支粗蜡烛;一支细蜡烛;它们的烛芯相同。让它们燃烧时,哪一支蜡烛先流'泪'呀?"

"我想正和上次相反吧? 细蜡烛先流'泪'吧?"姜德显说。

"粗蜡烛先流'泪'吧?"吴昊说。……

"口答就到这里,我将按照你们的回答,给予记分。"彭安说,"我们进行第二轮比赛! 谁先使蜡烛流泪,谁先加 5 分。慢的加 3 分。"

亲爱的读者,你知道在这两种情况下,哪一种蜡烛先流"泪"吗?

答 案

第一种情况下,芯短的蜡烛先流"泪"。

蜡烛流"泪"——淌蜡液,是因为蜡烛融化的速度大于燃烧消耗的速度。蜡芯短,火焰小,消耗的速度慢了,而蜡融化的速度几乎没变,所以就容易淌蜡液。

第二情况下,粗蜡烛先淌蜡液。

火焰一样大,细蜡烛融化数量少,只够蜡烛燃烧的消耗,没有多余的融蜡,所以不容易淌蜡液。

风速与温度

在绿叶广场上，一家马戏团正在表演。

报幕员有声有色地说："下一个节目，是来自南极洲的企鹅苗苗给大家表演。希望大家能够喜欢。"

报幕员的话刚说完，企鹅苗苗大摇大摆地走上台来，非常滑稽，观众不时爆发出热烈的掌声。

小狗星星跟苗苗结成对子，进行表演，小狗星星拉着雪橇，苗苗坐在车上。大家看着这个节目，会立刻联想南极洲冰雪世界的风光。

当表演结束后，小狗星星问："苗苗小姐，南极洲常年冰封雪盖，一定很冷吧？"

"是啊，比起这里应该冷的。"企鹅苗苗说，"南极洲不和这里一样，一会儿白天，一会儿黑夜。黑夜比较冷，但太阳一出来，温度马上升高了。可是南极洲不一样，半年是白天，不见黑夜。接着，是半年漫长的黑夜。你说会不冷吗？"

"哦，在南极洲也有风吧？"小狗星星好奇地问。

"哈哈，不光有风，而且还很大。"苗苗说："南极洲是地球上风暴最多，风力最大的地方，长年刮着凛冽的寒风。一般风速达每秒 24 米以上，相当十级大风。最大的风速可达到每秒 75 米。"

"还有，南极洲到底有多冷呢？"小狗星星感到好奇。

"南极每年的平均气温在 $-25℃$，在半年黑夜的日子里，一般在 $-50℃\sim-60℃$。最冷的地方出现过 $-90℃$ 的纪录。"

"南极洲为什么这样寒冷呀？"小狗星星不解地问。

"南极洲之所以很冷。第一是得到太阳的热量少。有半年得不

到阳光啊。"企鹅苗苗说,"还有一点,是风力大,风越大,温度就越低,好比夏天人们在开电风扇,风扇来回一转,温度就会降低。"

小狗星星听后,摇了摇头,说:"前面你说得不错,可是后面的比方不对,有点问题。风力大,感觉冷,这是实际情况,但我知道刮风时,温度并不下降。不信。就拿温度计到电风扇前面去做个实验,看温度计的温度会降下来吗?"

苗苗说:"我这个比方错了吗?错在哪里呀?"

这么说刮风时气温不会下降,而人们的感觉是风越大越冷。这是怎么回事呀?

 **答 案**

风速越大,感觉越冷,并非实际温度降低。人和动物在大风中所以感觉冷,是由于身体表面与空气之间热量交换速度高,风速越大,身体热量散发越快。企鹅等极地动物,之所以能抵御寒冷,主要是它们体内脂肪和羽毛,羽毛有较强的保温性能,使热量不至于散失,所以能适应极地生活。

哦,宝宝视力好吗

摇篮上挂着一个彩色气球,旁边有一个打扮鲜艳的布娃娃。

刚出生3个月的小宝宝小佳佳,安静地躺在摇篮里,妈妈在旁边摇着,一边哼着动听的催眠曲。

随着摇篮的摆动,彩色气球和布娃娃给小佳佳表演舞蹈。小佳佳闪烁着乌黑的光亮的黑眼珠,看着布娃娃轻巧的跳跃,婀娜的舞姿,咧开小嘴笑了。

　　或许是妈妈催眠曲的作用,小佳佳不一会儿,进入了甜甜的梦乡。她红红的脸蛋,绽开出幸福的笑意。

　　妈妈在小佳佳的嫩嫩的脸蛋上吻了一下,摇了摇彩色气球,推了推布娃娃,然后,恋恋不舍地离开了小佳佳。

　　随后,彩色气球与布娃娃开始了对话。

　　彩色气球说:"这小佳佳真可爱,多聪明呀。"

　　布娃娃说:"你怎么会看出小佳佳聪明?"

　　彩色气球说:"你看不出来呀,你看小佳佳的眼睛多精灵,乌黑的眼珠子,格外逗人。"

　　布娃娃说:"或许是我们穿着彩色的服装,吸引了她。"

　　彩色气球说:"看来你的判断力正确,3个月的小佳佳,就有了敏锐的视觉,能分辨出各种色彩,还能欣赏我们的舞蹈,真有意思。"

　　"哈哈!"忽然一阵大笑,把彩色气球和布娃娃吓了一跳。

　　转身一看,哇,是摇篮呀!

　　"喂!摇篮,你大笑什么,吓了我们一跳。"彩色气球和布娃娃几乎异口同声地说。

　　"哈哈!我笑你们是瞎猜呀!"摇篮严肃地说,"3个月的宝宝视力不是你们猜的那样。"

　　哦,这是怎么回事呀?

 答案

　　刚出生3个月的宝宝,虽然有一双乌黑明亮的眼睛,但宝宝的视力很差。婴儿4个月以后,视力也只能达到成人1%的程度,根本不可能分辨不同的色彩和欣赏舞蹈。儿童的视力到5周岁,是视力发育的关键时期,要使儿童经常看到赏心悦目的色彩和变幻的图形,以刺激儿童的视觉功能。

　　宝宝视功能的发育是一个循序渐进的过程,了解这个过程,对观察宝宝视力发育情况是很有帮助的。

小蜜蜂采访

夜幕降临了，月亮撒着银辉。"蟋蟀小姐个人演唱会"正在珍珠湖边的大草坪上举行。因蟋蟀是昆虫世界著名的歌手，所以前来听歌的听众很多，都想来欣赏这著名歌手的歌声。

小蜜蜂也赶来了，她有着特殊使命：一是要欣赏蟋蟀小姐的歌曲；二是要采访蟋蟀小姐。主要是采访蟋蟀小姐是怎样走上歌坛，怎样自学成才的。

舞台上，灯光辉煌，主持者蝗虫先生将舞台打扮得十分漂亮。

"瞿瞿瞿，瞿瞿瞿……"蟋蟀悦耳动听的歌声打动了每一位听众，博得了观众们阵阵热烈的掌声，台下喝彩声不断。

小蜜蜂也被蟋蟀小姐的歌声深深打动了。在兴奋之余，小蜜蜂已经拟好了明天《动物晚报》题目：动人的歌喉，精湛的演技。

演出刚结束，小蜜蜂马不停蹄地对蟋蟀小姐进行专访。

"蟋蟀小姐，您的演唱会很成功，向您祝贺。"小蜜蜂迅速接近话题。

"哈哈，小记者，你过奖了，我有那么成功吗？"蟋蟀小姐外在谦词，心里美美的，比吃了蜂蜜还甜。

在身边的一只蝗虫说："蟋蟀，你的歌声是那样的动人，观众都听得入迷啦！"

那只蝗虫的话刚刚说完，蟋蟀竟"咯咯"地笑个不停。这可把蝗虫给搞懵了。

蟋蟀笑了好一阵才停了下来，走到小蜜蜂身边，在小蜜蜂的耳边嘀咕起来。"哈哈，原来你的发音不是靠嗓子呀！"小蜜蜂恍然大悟，

接着又说:"哦,不过,蝗虫对你的评价还是恰如其分的。要知道它耳朵的听觉还是十分灵敏的……"

还没有等小蜜蜂把话说完,蝗虫就把他的话给打断了:"小蜜蜂先生,你也搞错喽,我的听觉器官不是耳朵,是……"这个蝗虫也是怪怪的,还要卖关子。

小蜜蜂感到今晚特别快乐! 长了不少见识,它感到这生活真有学问,多么有意思呀!

第二天,《动物晚报》的头版头条发表了署名"本报记者小蜜蜂"的文章。大家争相传阅。哎,怎么题目变了,竟是"听不用耳朵,唱不用嘴巴的歌手。"

哈哈,这有多新鲜! 你知道吗,蟋蟀发音是靠什么,蝗虫的听觉器官又在哪里?

 答 案

　　蟋蟀优美动听的歌声并不是出自它的好嗓子,而是它的翅膀摩擦发声的。仔细观察,你会发现蟋蟀在不停地振动双翅,翅膀就是它的发声器官。因为在蟋蟀右边的翅膀上,有一个像锉样的短刺,左边的翅膀上,长有像刀一样的硬棘。左右两翅一张一合,相互摩擦。振动翅膀就可以发出悦耳的声响了。

　　蝗虫的听觉器官在腹部第一节的两侧。

　　螽斯的鸣声就是摩擦发声,是左前翅上的刮器不断与右前翅上的音锉摩擦时造成前翅的振动而发声。

　　纺织娘也是很出名的鸣虫,因为鸣声很像织布机的声音时高时低,悠扬而动听,得到了纺织娘的美称。纺织娘的鸣声和蟋蟀一样也是来自翅翼。当它振动翅翼时,前翅上的音锉和发音镜互相摩擦而发声,后翅没有发音组织,但也能沙沙作响。由于翅翼的结构不同,前翅发声频率高,后翅发声频率低,使鸣声变得一会儿高,一会儿低。余音袅袅,分外悦耳。

偷瓜贼，哪里逃

　　江南葫芦湖边葫芦村，盛夏的夜晚，天空乌云密布，天气十分闷热。青蛙在稻田里、池塘边呱呱地叫个不停。无边的田野，一片蛙声，如鼓角齐唱，如风潮迸涌。千万只蛙的歌唱，组成了乡村夏夜的一部和谐、动人的乐章。正如宋代词人辛弃疾的名句："稻花香里说丰年，听取蛙声一片。"这些青蛙们也似有灵性，在为农家的丰收好景谈论不休。

　　稻田边有一大片瓜田。这是李老汉种的。徐达和李老汉是朋友。徐达这天晚上在李老汉家做客，吃完饭后，徐达、李老汉及孙子李晓禾一起来到瓜地看瓜，免得被人顺手牵羊。

　　忽然，李晓禾发现瓜田里有一个鬼鬼祟祟的黑影。"有贼！捉贼啊！"他大喊一声，就冲了上去。

　　偷瓜贼慌慌张张地穿过瓜田，沿着田埂逃跑。

　　徐达和李老汉一起追了过去。李晓禾在前，徐达和李老汉在后。他们盯着模模糊糊的黑影，紧追不舍。可是，追着，追着，来到了三岔路口，黑影就不见了。

　　他们面对的是三条路口，到底走哪一条呢？这可是追贼的关键啊！万一追错，就会让盗贼跑掉。

　　两眼看看，茫茫一片，李晓禾又侧耳细听了一阵。这时，稻田里的青蛙还在呱呱地乱叫，只是，声音比以前轻了。李晓禾听了一会儿，手朝左边的道儿一指，说："往那边追！"

　　李晓禾和大家一起追了过去，追了一段路程，咦，果然抓到了偷瓜贼。

事后，徐达问："李晓禾，你怎么不朝前，不朝右，单单向左边追呢？"徐达想考一考李晓禾呢。

"哈哈，这就是学问呀。"李晓禾哈哈笑着。李晓禾就如此这般地讲了起来。

"哦，你真是聪明过人呀！"徐达夸奖起来。

猜一猜，李晓禾会怎么解释呀？

原先，田里一片蛙声，只有左边那条路上的青蛙叫声低了。那是小偷的脚步声把青蛙吓得不敢高声叫，是有人惊动了它。

狗，火海救人

一天，绿叶市的一幢楼房着火了。几辆消防车风驰电掣般地赶来救火。

"天哪，快救一救我的儿子！"一个被火烧得焦头烂额的中年妇女，刚从火海里跌倒爬了出来，哭哭啼啼来到一个身体健壮的消防队员面前，大嚷大叫起来。"房子发生火灾时，我的孩子吓得躲了起来，我找了一会儿也没有找到，急得我呼天喊地，也没有找到孩子，可是屋子里浓烟滚滚，我实在是受不了，才跑了出来。"

"阿姨，你别急。"这个消防队员安慰着这位中年妇女。"我一定会想法救出你的孩子。"奇怪的是，这位消防队员不是立即冲进火海，而是朝停在街口的消防车跑去。

那个中年妇女一看急了，自己又爬向火海，被救火的人拉了回来。

这时，那位消防队员领来一辆消防车，手里还牵着一只毛色金黄油亮的大狼狗。这只大狼狗向人们横冲直撞。顿时，人群骚动起来。"狗，我怕狗！"那个妇女吓得浑身哆嗦起来，像皮球打滚似的在地上滚着。

大狼狗一蹦一跳终于跃过了人群，来到着火的房子面前。那位消防队员急忙给那只大狼狗浇了一桶水，随后拍了拍它的脑袋，不知靠近它耳朵上说了几句什么，便放开了它。大狼狗便箭似的冲进了火海。

人们又为这只大狼狗的安危担心。过了五六分钟后，只见大狼狗咬住小孩的衣服将小孩衔了出来，然后，轻轻地把小孩放到地上。刚才那位妇女急忙扑上去，把孩子紧紧搂在怀里。后来，又赶紧过来向那位消防队员致谢。

那位消防队员亲热地捋着大狼狗，帮它拂灭身上的火苗，并从口袋里掏出一块牛肉干准备往它的嘴里塞，但是，那只大狼狗却直摇头，显出十分焦躁不安，接着，便向前一窜，又冲进了火海里。

难道还有孩子没有救出？大家感到纳闷。

正当大家疑惑之际，只见大狼狗叼着一件东西像旋风似地闯出火海。

人们急忙围上去救人。走进一看，大家竟哈哈大笑起来。哇！原来，是一个很大的布娃娃。这布娃娃太像小孩子了，五颜六色的服装，有一头轻云似的头发，一双眼睛又黑又亮，真是栩栩如生，哈哈，难怪大狼狗把它当成了小孩呢。

那位怕大狼狗的妇女，这会儿什么也不顾了，冲上去抱住它。连连说："谢谢你，救命狗。谢谢！"竟有点语无伦次。

看到这种滑稽的场面，人们哈哈大笑起来。

狗怕火，这是大家知道的常识。大狼狗救人，真是英雄！大狼狗怎么会冲进火海救人，这是怎么回事呀？

♥答 案

原来，这条狗是经过消防队特殊训练的，它是靠灵敏的嗅觉来"找"人的。一般狗见了火就会退缩，是达不到这个水平的。

靠鼻子过日子的动物，各类动物中属狗的鼻子最灵。

狗鼻子大约能分辨200万种不同的气味，而且它还具有高度分析的能力，能够从许多混杂在一起的气味中，嗅出它所要寻找的那种气味。狗鼻腔上部有许多褶皱，褶皱上有一层黏液膜，黏膜里藏着大量的嗅觉细胞，当黏膜上分泌出来的黏液经常湿润着这些嗅觉细胞时，就会使具有气味的物质分子溶解在黏液里，并刺激嗅觉细胞，嗅觉细胞马上向大脑嗅觉中枢发出信号，于是就有"味"的感觉了。狗鼻子的特殊之处就在于它的嗅觉细胞特别多，连鼻子那个光秃无毛的部分，上边也有许多突起，并有黏膜组织，能经常分泌黏液湿润着嗅觉细胞，使其保持高度灵敏。

到底是谁家的鸡

一天傍晚，村委会主任徐茗刚从外地出差回来，路过村口，就见到庞大婶和李二娘争夺一只老母鸡，拉来拉去，吵得很凶。她们都说鸡是自己的，各说各有理，这件事别人都没有法解决。

庞大婶嚷道："这只鸡是我的！你快松手，把鸡还我！"

李二娘还击："你这不要脸的，这鸡是我的！"

庞大婶吼道:"你真不要脸,竟抢我的鸡!"

徐茗见到这二位老人为这只鸡争得你死我活,太不值得。上去打圆场,说:"你们二位不要吵了,都是一个村里的人,低头不见抬头见,不怕难为情?"

村民们都知道这个村委会主任,别看年轻,但处理问题很有一套。不管遇到什么问题,他都会弄个水落石出。大家的眼光都集中到村委会主任的身上,都要看一看村委会主任是怎么办这件案子的。

徐茗又问:"你们俩都说这只鸡是自家的,那好,你们说说看,为啥说这只鸡是你的?"

"我家的鸡是只母鸡,黄嘴黄脚,大约三四斤重。"庞大婶说出了自己的证据。

"我家的鸡也是只母鸡,黄嘴黄脚,四斤来重。"

唉,几乎都说的一样,这怎么办。通过这一条解决不了问题。

于是,徐茗灵机一动,又对庞大婶问:"你家的鸡下蛋吗?"

"我家的老母鸡面孔红红的,每天下一只白壳蛋,个儿大,八九个一斤。"庞大婶如同小学生背课文一样那样熟练。

徐茗又转向李二娘说:"你家的鸡下什么蛋呀?"

"我家的老母鸡面孔也是红红的。每天下一只红壳蛋,个儿大,八九个一斤。"李二娘回答。

咦,这问题很相似,但不同的是鸡下的蛋颜色不同。就应该在蛋的颜色上寻找突破口。

随后,徐茗灵机一动,忽然计上心来,不禁暗自高兴,把手一挥,果断地说:"你们不要争论,也不要夺了。把鸡给我,两天之后,我会搞清真相,鸡归原主。"

既然村委会主任这样说,庞大婶和李二娘也就没有什么可说的。光争与抢,是不解决问题的。只有点头的份儿。

大家终于等到了第三个傍晚,人们把村委会主任的家围得水泄

不通。这时，徐茗主任将门推开，拉着李二娘的手里，说："这只鸡是你的。请你捉回家去吧。"

"哎，主任，你怎么说这鸡是李二娘的呀？有什么根据？"大家向主任发问。

于是，徐茗主任就把道理说了一遍。大家感到很有道理。

庞大婶听后哑口无言，面红耳赤，无地自容。

大家想一想，徐茗主任用什么方法判断出这只老母鸡是李二娘的呀？

答案

根据两人自述，李二娘的鸡下红壳蛋，庞大婶的鸡是下白壳蛋。村委主任把鸡捉回去后，等它下了蛋，看看蛋的颜色，就可以判断出鸡是谁的了。

蛋壳颜色虽有白、浅褐、褐、深褐、绿和青色之分。母鸡在一生中生的蛋，壳的颜色是不会变的。

小黄莺之死

大年的初一晚上，家家还处在欢乐的节日气氛里。但森林里的小黄莺却失踪了。

这不幸的消息传开后，这可把森林的居民急坏了。大伙找呀找，不放过任何一条线索，不放过任何一个石缝，但还不见小黄莺的影儿。最后，竟在一棵老槐树下发现了一摊血，还有一个紫铜色精巧铃铛。

一见这精巧铃铛,大家知道小黄莺是遇难了,都痛哭起来。谁都知道小铃铛是小黄莺为大家演唱的乐器。小黄莺这个小铃铛为大家表演了不少节目。人们触景生情,都为这小黄莺难过。小黄莺呀,你死得好惨。谁是杀害小黄莺的凶手,是谁这么凶狠?

　　居民们议论纷纷。小松鼠贝贝转动着有神的眼睛说:"刚才,我看见花猫咪咪路过这里,样子慌慌张张的。"

　　这话飞快传到花猫咪咪那里,气得它吹胡子瞪眼:"胡说八道,我根本就没有去过那儿。纯粹是诬陷。"

　　当然,凭着猜疑是解决不了问题的,大家很快到森林哈特探长侦探所报案。黑狗哈特探长来到犯罪现场,仔细查看了现场,但地上脚印混乱,现场已经被破坏,这对破案很不利。

　　于是,哈特探长进行了大量的调查工作,掌握了第一手资料。于是,就对嫌疑犯进行调查。

　　哈特探长对狐狸新新说:"小狐狸,你昨天干什么去了?"

　　"我……我……"新新结结巴巴地说,"哦,我去我的父母家过年了。"

　　"你呢?猫头鹰小姐?"哈特探长又问身边的猫头鹰。

　　"哦……探长,我去森林值班去了。"猫头鹰似乎很健忘。

　　"咪咪,你说吧,昨晚到哪里去了?"哈特探长问。

　　咪咪很镇静地说:"昨晚的月亮真亮,我们全家边赏月,边吃团圆饭。哈特探长,我可没有离开家半步呀。"

　　哈特探长二话没有说,走上去喀嚓一声用手铐铐住了咪咪的双爪。

　　花猫咪咪连连叫屈:"哈特探长,你弄错了,我不是杀害小黄莺的凶手。"

　　哈特探长嘿嘿一笑:"这个问题你最有数,我并没有抓错!"

　　哦,这到底是怎么回事呀?你知道哈特探长逮捕咪咪的原因吗?

花猫咪咪是在撒谎，因为阴历三十的晚上是看不见月亮的。

因为三十、初一的时候，月球运行到地球和太阳中间，地球上看不到月球的反射光。月球的反射光在太阳的那一面（太阳光照在月球的背面，而我们只能看到正面，看不到月球的反射光），所以，往往因为月球遮住了太阳，日食有时在初一发生。

院子里的"鬼"声

王尔哈的爸爸很有经济头脑，他经营一家店铺，因经营有道，赚了不少钱。于是，全家开家庭会议，一致同意盖一座新房。这个任务落实到王尔哈的爸爸那里，要他在半年的时间内，将新房子盖好，及早搬进新房子。

王尔哈的爸爸麻利地备料，找人施工，很快就将房子盖好。全家看到新房子，都高兴地咧开了嘴。

当家里人搬进新房子，盖房时用的搭脚手架的木料、铁丝、铁管、空油桶等，还堆在院子里没有还给人家。

可是，王尔哈的一家人还没有住上几天，人们就传说，王尔哈的爸爸要拆除房子，当然，人们听后是一百个不相信！

是啊，一般人不能把刚盖起来好端端的房子拆掉，也不是豆腐渣工程，没有拆掉的理由。不过，无风不起浪，如果王尔哈不说，人家怎么会传出这样的话呢。

一天，王尔哈的好朋友小芽，忍不住问："尔哈，是你爸爸要拆掉新房子吗？"

"有这个想法。"王尔哈压低声音说,"我爸爸其实也不是想拆掉这房子的。说到要拆,我妈妈还掉眼泪呢。可是,张巫婆说我家房子盖在野鬼屯上,惹恼了野鬼,会使人畜不安的。"

　　小芽一听就笑了:"我还以为是怎么回事呢。你们怎么会信张巫婆的话。你爸爸和妈妈信,难道你也要信吗?"

　　"是啊,起初我爸爸和妈妈也不相信!"王尔哈小声说,"可是不信不行呀!夜里真有鬼在作祟。"王尔哈说完,神神秘秘的。

　　"哦,真会有这样的事?"小芽感到不可思议。"科学课上,老师不是说没有鬼吗,全是自己吓唬自己。"

　　"真的。"王尔哈这会儿,小脸急得红红的,"我都亲耳听到夜里有鬼在敲东西哩,并且一会儿敲一下,嘣嘣、嘣嘣的响。我也吓坏了。我爸爸起初胆子很大,听到响声,就起床看一下,用手电筒到院子的每一个角落照一照,但每一次什么都没有发现。这样几次,我爸爸也有点害怕起来。昨天晚上,我爸爸发现一只鸡死了,他更是有点犯疑了。"

　　"你怎么也会相信呢?"小芽说。

　　"哎,你不信鬼,你说这是咋回事儿?"王尔哈感到无奈。

　　"哎呀呀,你怎么这么不坚定呀!"小芽说,"我不信,我明天到你家亲自去现场勘查,当面给你捉鬼。"

　　"哦,你的胆子好大呀!"王尔哈瞪大了眼睛,他们拍手不得反悔。

　　第二天中午,小芽来到王尔哈家里,同他爸爸和妈妈打了个招呼,就和王尔哈一起在院子转悠起来。中午的太阳晒得身上暖洋洋的。小芽和王尔哈找呀,翻呀,哈哈,竟啥也没有找到。

　　小芽感到没劲,一屁股就坐在院子里的油桶上,但随手一摸空油桶,它们被晒得滚烫滚烫。

　　"哈哈,有了。"小芽惊奇地说。

　　"哇!有鬼吗?"王尔哈吓得急忙问。

"有的。快告诉你爸爸和你妈，我找到'鬼'在哪里了。"小芽肯定地说。"把空油桶搬出去，也就不会闹鬼了。"

哦，难道鬼藏在空油桶里。这院子里的鬼是怎么回事呀？

答案

空油桶白天受热，铁皮膨胀，桶里的空气体积也增大。到了夜里，气温骤降，铁皮、空气都是热胀冷缩的，鼓起的铁皮这时就会瘪下去，于是嘣嘣声就产生了。咦，是热胀冷缩造成的现象。

谁是盗钟者

一天，绿叶森林侦探所哈特探长——黑狗喝完早茶，看起《森林快报》来。忽然，叮铃铃，一阵电话铃声响起，哈特探长急忙接电话："喂！我是哈特探长，有事吗？"

"哈特探长，你好！"小白兔李力说，"我家的金钟被隔壁花猫睿睿偷去了。"

"哦，好的。"哈特探长说，"我马上赶到。"

一个小时后，哈特探长赶到现场。只见，睿睿夫人悲悲切切地说，"探长先生，我们家没有偷金钟，是李力先生诬陷我们。"

"哦，还有这种事情？"哈特探长说。

"不对，探长先生，金钟是我从他家里搜出来的，你还想抵赖不成？"

哈特探长皱了皱眉头，问李力："你昨天这个时候在干啥？"

"哦，是这样的。"李力回忆，"昨天，我在这间小浴室生了个炉子，

打算趁热洗个澡。我刚把热水倒入浴盆后,忽然听到有声音,接着便从镜子里看见睿睿溜出去。后来,我再看,金钟没有了,但我从睿睿家中竟找出了金钟。"

"这么说你是人赃俱获?"哈特探长盯着李力。似乎感到案子有点蹊跷,便不再说话,进入小浴室去观察。当哈特探长看着镜子不明亮,用手摸了摸镜子,似乎猛地悟出了点什么来,汪汪叫了一声,然后冷冷地对李力说:"据我看来,金钟不是睿睿偷的,而是你故意把金钟藏在它家里的,是设圈套陷害它的!"

李力的脸顿时煞白起来,见事情已经败露,夹起尾巴想要逃跑,但被哈特探长一个扫堂腿打翻在地,戴上了手铐。

哦,你知道这是怎么回事吗?

 答案

　　浴室里的镜子被热气一烘,就看不见东西啦,所以李力说从镜子看到睿睿溜出去,显然是假话,在作假证。

　　这如同冬天戴眼镜的人,从外面进到暖和的屋子里镜片上会出现水珠的现象一样。原因是冬天从室外进入室内,镜片温度比室内温度低,空气中的水蒸气就在镜片上凝结成小水滴。

小孩绝妙的注意

　　在一个热闹的风景区,有一座很高很高的实心宝塔。由于年代久远,宝塔已经失去当年的风采,有点破旧了。不少来观赏的游客都建议有关部门修缮一下。园林管理处其实早有此意,只是苦在一时

难以筹募到资金,所以只好将修缮的计划拖了又拖。幸运的是一家港商愿意出资进行修缮。这不,修缮工作已经紧锣密鼓地进行了。

工匠们搭起架子,一层一层地修缮,修缮工作有条不紊地进行。修到最高一层时,他们就在塔顶安装了一个滑轮,把一条大绳子套在轮子上,作为升降工具,并把原来搭的架子拆去了。宝塔的修缮即将完工了,大家也十分高兴。在完工那天,有个工匠认为塔上没有人了,顺手就把那根绳子拉了下来。谁知,这下可闯大祸了,上面竟还有一个戴着线织帽子的工匠还没有下来。当他发现绳子被拉掉,在塔顶上急得哇哇大叫。

塔下的工匠们乱了手脚。一个个在发呆。这怎么办呀?把绳子扔上去,这不可能,塔那么高,根本不可能扔到塔顶;要是重新搭起架子的话,不是简单的事情,起码要用两三天的时间,总不能让工匠在塔上面不吃不睡待几天几夜吧!万一在塔顶上的那个工匠因疲劳失足滚落下来,那还了得,不摔死,也非摔成残废不可。

工匠们急得团团转,这引起了游客的好奇。大家也围在塔的周围议论纷纷,出着点子。

这时,育才小学的一个小朋友也觉得好奇,在看着塔上面的工匠。起初他一声不响,只顾仰着脸看,眨巴着眼睛,认真思考着,忽然大喊一声:"哇! 我有办法啦! 我有办法救上面的叔叔啦!"

"哦,什么办法呀?"大人们急忙围着小学生问起来。

你想一想,这位小朋友想到了什么绝妙主意,可以使工匠很快下来呀?

先让工匠拆开线织帽,放下线头,要塔下的人结上一根细绳子,等细绳子拉上之后,再系上粗绳子。他把粗绳子拉上去,穿过滑轮,就可以抓住粗绳子慢慢地下来了。

开学的第一天

绿叶森林里有一座动物学校,寒假结束后开学的第一天,动物学校的梅花鹿老师亲自到班级里检查学生的作业。它看着学生认认真真完成的作业,高兴得直点头。可是,后来,梅花鹿老师一查,作业的本数似乎不够,它从头到尾再数了一遍,哦,竟缺少6本作业,它仔细一查,哇! 缺少小熊、小刺猬、小猴子、蛇、青蛙和鸽子的作业。于是,就说:"寒假作业我已经检查完了,发现小熊、小刺猬、小猴子、蛇、青蛙和鸽子六位同学没有交作业。请你们放学留下来。"

放学铃响了,学生们陆陆续续走出学校。小熊、小刺猬、小猴子、蛇、青蛙和鸽子没有办法,只好留下来。梅花鹿老师看着这些学生,似乎想起了什么,便说:"小熊、小刺猬、蛇、青蛙你们虽然没有完成寒假作业,但老师不该留下你们,回去吧。"

剩下小猴子和鸽子,它们感到奇怪了,对老师不满地说:"老师,怎么让小熊、小刺猬、蛇和青蛙回去呢? 你怎么对不完成作业的学生有偏见,不公平对待,一碗水端不平?"

梅花鹿老师严肃地说:"它们有特殊的原因,所以要让它们回去。你们两个是贪玩不完成作业,对待学习不重视,难道老师还能原谅你们吗? 如果这样的话,我这个模范老师,不就是对你们不负责任嘛,你说我能这样做吗?"

小猴子和鸽子一听也对,不过它们不明白,小熊、小刺猬、蛇和青蛙会有什么特殊原因吗? 给老师送了礼? 不能,老师是模范教师,不会收礼的。要不,是老师的关系户,照顾面子? 哈哈,也不会,因为梅花鹿是模范,怎么会照顾关系户不做作业呢? 这也说不过去的。小

猴子和鸽子实在憋不住了，便问："老师，请你告诉我们，小熊、小刺猬、蛇、青蛙有什么特殊情况呀？"

梅花鹿听后点了点头，然后说了小熊、小刺猬、蛇和青蛙的特殊原因。小猴子和鸽子脸红了，感到不好意思。便马上对老师认错："老师，我们以后再也不贪玩了，以后一定要听老师的话，一定按时完成作业。请老师看我们的实际行动吧。"

这个问题挺搞怪，同样在寒假里没有完成作业，但小熊、小刺猬、蛇、青蛙可以不做作业，但小猴子和鸽子就不行，这是怎么回事呀？你知道这个问题的缘由吗？

小熊、小刺猬、蛇和青蛙是冬眠动物，寒假里正处于冬眠阶段，所以没有完成寒假作业。

"冬眠"也叫"冬蛰"，是动物对冬季外界不良环境条件（如食物缺少、寒冷）的适应。

青蛙、蛇、熊、蝙蝠、刺猬等动物都有冬眠习惯。

老鼠家族的毁灭

王大爷家里近段时间闹鼠灾了。一夜的功夫，苗鸡被咬死了六七只。他急得直跺脚。后悔当时没有把这些小畜生放到眼里，这不，损失惨重。

本来，王大爷养了只猫。不料，半年前这只猫失踪了。谁知半年后，老鼠剧增，鼠家族兴旺，老鼠十分猖獗。

　　没有办法,王大爷便将门关得牢牢的,窗也关紧。他心想,这会儿苗鸡与外界隔绝,应该没有什么问题吧。

　　可万万没有想到,老鼠不知从什么地方钻了出来,又向苗鸡大肆进攻。等王大爷醒来的时候,苗鸡又被咬死了几只,而且鲜血淋漓,还扑闪着翅膀。似乎在向主人说,快救救我!

　　这下,可把王大爷气坏了。王大爷一宿没有睡,他一直在思考着如何来对付这可恨的老鼠。想再养只猫,但一时难寻;那就下鼠药吧。于是,第二天,王大爷一大早就到集市去买老鼠药。回家后,急忙弄成药饵;并用捕鼠笼捕。双管齐下,谁知老鼠贼精贼精,根本不吃药饵,捕鼠笼也只灵验了一次。

　　这些办法不行,王大爷这次心里真的慌了。笑笑看到爷爷的这副窘态,真的替爷爷难过。也在想办法来对付可恶的老鼠。

　　怎么解决呢,这要用科学的方法。笑笑首先想到了这一点。怎么用科学的方法呢?笑笑心里没有数。咦,干脆,到图书馆去寻找答案。于是,笑笑就到图书室查资料。功夫不负有心人,笑笑终于找到解决问题的好办法。

　　事有凑巧,邻居家张大妈正好用捕鼠笼捕了一只大老鼠,正打算用水灌死它,被笑笑看到了:"张大妈,你把这只大老鼠给我吧。"

　　"好的,你要这干什么呀?"张大妈感到奇怪,要一只老鼠有什么用呢?

　　"大妈,这会儿保密,暂时不告诉你。"笑笑神秘兮兮地说。

　　王大爷知道这件事后,感到不可思议。但抱着试试看的心理,也就没有做声。

　　就这样,笑笑就对那只大老鼠做了"手术",最后放生了。

　　这只大老鼠终于获得了自由,跌跌撞撞跑回了家。这个地洞四通八达,是老鼠自由的乐园。那只大老鼠回到洞,就软绵绵地一头倒下睡着了。是啊,它太累,太惊慌,太需要休息了。这时,其他小老鼠

都围拢过来,发出吱吱的叫声,似乎在安慰自己的长辈。作为长辈,面对孝顺的小辈,会总是眯着眼看着自己孩子,会用嘴梳理它们的皮毛。然而,今天的老鼠长辈,一反常态,眼露凶光,对着来安慰的孩子,猛地撕咬起来。

妈呀!这是怎么回事呀!大老鼠的牙齿锋利无比,咔嚓一声,这只小老鼠的脖子断了。这时,其他小老鼠感到莫名其妙,今天妈妈怎么啦?有的躲到远处去了;胆子小的在一边发抖;有的聪明一点,见大势不好,急忙跑走了。

一只小老鼠在大老鼠的面前哆嗦,大老鼠扑上去,咬住了它的耳朵,小老鼠一挣扎,耳朵被撕裂了,但大老鼠并没有就此罢手,又继续冲上去再一次咬住,愤怒地一撕,哇!一只耳朵被活生生地撕了下来。

其他老鼠如梦初醒,四处逃散。可是,这些老鼠窜来窜去,或许是被吓疯了,就是找不到洞口,最后又转到大老鼠那里,结果又被大老鼠咬死了不少。

不一会,小老鼠就都死在了妈妈的口下。

这时的洞里,到处都是血肉模糊的老鼠身体。大老鼠浑身都是血迹,满身是伤。有的是自己碰撞的,也有的是孩子反抗给它留下的。大老鼠现在变得十分凶狠残忍。现在连它的丈夫也不放过,疯狂地扑了上去。

两只强壮的老鼠撕咬起来。用尽了气力,而且毫不留情。经过一段时间的较量,一只老鼠的喉管被咬断,另一只的肚子被咬破,五脏六腑落到了地上,刚处在兴旺发达的老鼠家族,顿时在相互撕咬中毁灭了。

这一夜,笑笑的爷爷家的苗鸡安安稳稳度过了一夜。

第二天,爷爷见到笑笑后,高兴地说:“笑笑,你的办法真灵。你具体是怎么做的呀,说给爷爷听一听。”

哦,你知道笑笑是怎么做的吗?

答 案

原来,笑笑是用干黄豆塞进那只大母老鼠的肛门里,干豆遇到水分,就会慢慢膨胀,会使老鼠异常疼痛。这样,老鼠就会变得无比凶残,见到同类就咬,直到断气为止。还有,再堵住所有的洞口,老鼠插翅难逃,其后果必死无疑。

故事中的问题

绿叶学校要进行一次原创故事比赛。班主任姚老师很早就布置了。大磊想了三天三夜,终于编成一个原创故事——《汪小哈历险记》。

比赛开始了,大磊抱着必胜的信心走上了讲台,开始满怀激情地讲了起来:

说的是一个叫汪小哈的中国少年,跟随动物学家的爸爸去非洲考察。汪小哈人小志大,从小就想当动物学家。这次非洲之行,想当爸爸的助手。助手,你懂不懂,那是相当于帮爸爸的一只手唉。

记得印象最深的一次,是这样的。

爸爸在帐篷里整理资料以及拍摄的动物图片,这可是原创图片,是对野生动物的写真,其价值无法形容。

汪小哈感到没有意思,就出去观察一下。欣赏这里的异国风光,感受这里的风土人情。尤其这里的风景,那是相当的美。玩了一会儿,汪小哈突发灵感,觉得做一个动物学家的助手,应该会独立观察

动物,对动物进行面对面地拍摄。

于是,汪小哈独自来到一片森林中,躲到一块大石头后面,悄悄观察对面树林里动物活动的情况。希望再能够看到昨天路过这里的犀牛。

汪小哈刚刚趴下,忽然想,这趴下的姿势准确吗?否则的话,会被闹成笑话。于是就回过头来观察自己趴下的姿势。刚一转头,就听到一阵咔嚓咔嚓的声音。

哦,是什么声音,难道是犀牛来了吗?不由得站起来,朝山坡上张望。不料,这一望不要紧,吓得汪小哈"妈呀!"一声地尖叫一声。

汪小哈这一惊一咋是怎么回事呀?哈哈,人家看到了老虎还能不害怕吗?失声大叫是很正常的。汪小哈看到的那只老虎离他只有4米多远。可以听到它的喘气声,说明这距离是很近的。这时老虎也看到了对方汪小哈啦!马上吼叫起来,并向汪小哈扑来。

汪小哈一看不好,这可不是闹着玩的,人命关天。说时迟,那时快。王小哈急忙来了一个猴子转身,抱着身边的大树,猴子般敏捷地爬了上去。

老虎怒吼着,在树边转来转去,见没有希望将对方弄下来,就转到一边躺了下来,想来个守株待兔!汪小哈可是个聪明孩子,他一看老虎的举动,吓得"爸爸"直叫,但距离远,不光叫爹不行,喊娘也不行。汪小哈喊了一会,看没有什么效果,便动起脑筋来。

汪小哈不是刚才喊爸爸了吗,这会儿,他忽然想到爸爸曾说过,野生动物一般都胆子很小。哦,我吓退这该死的老虎,早不来,晚不来,单等到靠近我后,才被我发现,只差一点儿,我就没有命了。爸爸就没有这么个好孩子了,没有得力助手,没有……

哎,不要想这些无关紧要的内容了,应该想逃离现在这里的险境。于是,汪小哈对着老虎大喊:"老虎,老虎!嗨嗨,海海!快走呀!"老虎警觉地望着他。汪小哈或许给自己的胆子冲"胆",喊了一

起，或许这噪音让老虎难以忍受，老虎干脆走"虎"。

这件事情虽然过去一年多了，但我还记忆犹新。

大磊讲完了王小哈的故事。

不少同学议论纷纷，不少同学说故事编得好，很吸引人。可有一部分同学却说，这个故事是瞎编的。不真实，有些地方编错了。

哦，不妨给汪小哈诊断一下，看错在哪里？

 答 案

是编错了。因为非洲是没有老虎的。

找错了房子

在绿叶森林里住着一群猴子，猴王媚眼为了打开国际市场，决定派一名代表到南美洲推销猴子王国的商品。临走前，媚眼对派出的代表赫赫说："要认真调查那里的风土人情，搞好市场调查，把我们的产品推销出去，打入国际市场。"

"大王，我一定不负所托，把事情办好。"赫赫回答。

于是，赫赫便坐上了通往南美洲的飞机。经过长途跋涉，推销员赫赫到了智利的首都圣地亚哥。他先在旅馆住了一夜，第二天，就出去找房子，赫赫认为住宿是很重要的事情，这样才能解除后顾之忧。

天正淅淅沥沥下着雨，并不时刮着阵阵寒风，不多时，衣服就被打湿了。赫赫顿时感到身上有点冷。

"嗯，天比较冷。"赫赫心里想，"猴子大王要我长期在这里推销商

品。看来我要长期住在这里，我得租一间朝阳的房间，天晴时，阳光可以照进屋子里，又暖和又干燥。"于是，赫赫急忙打电话给当地的导游，让导游帮忙。

导游接到电话，马上就行动起来。在适宜建立推销点的街上走着，先看了几处出租的房屋，虽然房子不错，因朝向不理想，都没要。后来终于发现有一处出租的房间，方向正好朝南。于是，他高兴地立刻租了下来。于是，就打电话给赫赫，赫赫接到电话一看，笑哈哈地说："哦，不错，谢谢你。"当天就搬来了。

第二天，赫赫因淋雨感冒了，身体发热，就待在家里没有出去。看到窗外晴朗的天空，他非常高兴，坐在窗下准备好好享受一下阳光带来的温暖，可是，他发现，无论是上午还是下午，阳光都没有照进他的屋子里。

"哎，这是怎么回事呀？"赫赫感到不可思议。

于是，赫赫跑到屋外，观察了天上的太阳。哦，他这才知道，所有朝南的楼房都照不到阳光，哈哈，找错了房子啦！

哦，小朋友，你知道赫赫为什么找错房子呢？

 答 案

因圣地亚哥地处南半球的南回归线以南。太阳光总是从偏北方向射来，而推销员却按北半球的习惯，找了坐北朝南的房子，所以错了。

春节时的考题

今年春节，王新跟着爸爸妈妈一起到爷爷奶奶家过年。每一年，

叔叔一家也是三口都到爷爷和奶奶家过年。叔叔家的弟弟王石，只比王新小1岁，个子长得差不多。这对叔兄弟有着共同的爱好，干什么都很合得来。爷爷和奶奶看到欢天喜地的一对孙子，打心眼里高兴。

吃完年夜饭，爷爷、爸爸都拿出了压岁钱，叔叔见了立刻说："大家先别忙，我们搞个家庭智力竞赛，把压岁钱当作奖励怎么样？"

"哦，这个办法不错。"爷爷马上表态。

"好的，不错！"爸爸也双手赞成。

就这样，家庭智力竞赛就在欢乐的气氛中开始了。王新和王石都争先恐后地抢答，气氛非常热烈。在一旁看着的爷爷、奶奶、妈妈和婶婶笑得合不拢嘴。

最后一道题答完，叔叔正要宣布智力竞赛结束，爷爷站起来说："慢！我也受到启发。我也有一道题，谁答对了，我发给一个特别奖——送一台复读机。"

一听说奖复读机，王新和王石来了兴趣。急忙催着爷爷说："爷爷，真有你的，我们想抢答你的智力题呐。"

"哈哈，我这就开始。"爷爷眼睛露出了微笑，打开了回忆的闸门，"我说的是一个真实的发生在我们家的故事。"

"哈哈，我们家还有智力故事？"王新和王石几乎异口同声地说。

"是啊，"爷爷乐了，"你奶奶出嫁时，我坐乌篷船去接她，嫁妆装了一船，还有一只船坐人。嫁妆里有一个红漆描金大衣橱，非常好看。不巧的是，那天河水涨得很高，当船来到一座小桥前，这只衣橱竟比桥洞高，高出的地方竟有一块豆腐干那么厚，无法过去。有人讲，硬挤过去，怕损坏了嫁妆；有人说干脆把衣橱搬下船，等船过了桥再搬上去。但有人马上反对，这样既浪费时间又麻烦。在这种关键时刻，还是我想到了办法。大家按照我的办法去做，哈哈，很快就过去了。当时，你奶奶见我这样有才，哈哈，高兴地对着我直笑呢！不

信,问一问你们的奶奶,是不是这回事呀?"

"是啊,当时真把我急坏了。"奶奶急忙补充,"我怕把嫁妆损坏了呀!哈哈,好汉不提当年勇嘛。十个老头九个好汉!"奶奶说完,对着爷爷笑了。

大家听后,都哈哈大笑起来。

不过,王新和王石可顾不得这些,几乎同时举手,说:"爷爷,我知道了您老人家的办法啦!"

爷爷看到这对很有出息的孙子高兴地说:"好样的。你们几乎同时知道了我的做法,这样吧,我和你奶奶赠送你们每人一台复读机!"

"好!"王新和王石高兴的跳起来。"多谢爷爷和奶奶!"

哎,你知道王新的爷爷想到什么办法吗?

答 案

增加载重量,使船吃水深些,船就会载着衣橱等嫁妆顺利过桥。

突然晕倒之谜

北方寒冬的午夜,外面很冷。而猴子家族中的白脸小姐的家里却热火朝天,因为它们正在举行舞会。

白脸小姐家的壁炉里炉火正旺,柴火在里面噼噼啪啪烧着。猴子们踏着欢快的乐曲,在这温暖如春的舞厅里婆娑起舞。每只猴都汗流浃背了。

忽然，一对对猴子的舞步有点乱。它们感到胸闷气短，发现舞厅也在随着乐曲在旋转。

随之，不约而同地尖叫起来："哦，怎么头晕呀！"

"哎，我也头晕呀！"其他猴子也在尖叫。

大事不好，猴子一个一个扑通、扑通地倒下了。

这是怎么回事呀？

大家正在感到不可思议之际，坐在一旁饮茶的猴子淘淘看到这种情况，立刻将自己手中的茶杯摔向窗上的玻璃。

咣当！一声玻璃被砸碎了。外面一股寒流立即涌了进来，那位喝茶的淘淘深深吸了一口凉气，顿时感到舒畅多了，头脑也清醒多了，它定了定神，又接连摔了几个杯子砸向窗上的玻璃，这才把摔倒的猴子一个一个给搀扶起来。

过了一段时间，猴子们才从昏迷中清醒了过来。一只猴子说："哦，如同做了一个噩梦。"一边拍打着身上的灰尘，一边疑惑地问身边的淘淘。

"哇！这是怎么回事呀？"一只猴子问，"怎么会来得这么突然？"

"那我们是不是中了邪！"一只猴子说。

只见淘淘摇了摇头，随后，说出了原因。

喂！这个问题怪怪的。你知道是怎么回事吗？

❤答案

北方的隆冬，室外气温可达零下三四十度。由于舞厅门窗紧闭，加上烧柴取暖，消耗了大量的氧气，因缺乏氧气而使猴子们晕倒。

巧法带上飞机

采购员猴子嘟噜在外省出差，办完事情后，准备打道回府。突然，接到猴子糖果厂厂长的传真电话，说厂子里准备生产一种新的机器，急需一种贵重的金属棒，要它买好后，立刻乘飞机带回厂里。

根据传真电话上注明的数量和尺寸，嘟噜买来了 4 根这种金属棒，每根 65.5 厘米长。可是，当它兴冲冲赶到民航售票处买飞机票时，不禁傻眼了。因为"旅客须知"上有这样一条："因机内行李柜容积所限，凡带入机内的物品，长度、高度和宽度不可超过 59 厘米×23 厘米×33 厘米。"

"唉，这可是一个难题。"嘟噜感到为难了。"这金属棒绝对不能截短，也不能弯曲。如果搞托运的话，又怕拖了时间影响厂里急用。这如何是好呀？"

嘟噜看着传真纸上的尺寸，眼睛在发愣。应该怎么办才能搭载飞机一起运回到厂里呀？

嘟噜看着，想着，忽然灵机一动，哈哈有了主意。于是，马上买了飞机票，回到旅馆就行动起来。

最后，嘟噜既没有截金属棒，又没有违反规定，带着金属棒乘坐飞机回到了厂里。

哦，嘟噜是怎么把金属棒带上飞机的呢？

做一只 59 厘米 ×23 厘米 ×33 厘米的箱子，65.5 厘米的棒料就可以放在箱子里不盖盖，带上飞机。

有趣的色光玻璃

小芮是学校有名的小画家,她不光对画画有比较深的造诣,就是对颜色也比较有研究。难怪,大家都称小芮是颜色魔术师哩。

称为颜色魔术师这一点儿不假,什么红、黄、蓝三种颜料,经她的手那么一调和,哈哈,会变出几十种颜色来,十分神奇。所以,小芮画的彩图总是那么变化无穷。

一天,嘻嘻哈李丹又来找小芮了。说:"小芮师傅,我想拜你为师,怎么样?"

"哈哈,你是我们班级里有名的嘻嘻哈。"小芮不紧不慢地说,"我敢收你这个徒弟吗?再哈哈,那还不哈哈到天上去了。"说完,小芮还真哈哈大笑起来。

"好啦,我们言归正传。"嘻嘻哈李丹说,"我有问题要请教你呢。"

"什么问题还这么严肃呀?"小芮感到不解,"直言不行吗?转弯抹角不痛快。"

"好的,我就来个痛快。"嘻嘻哈李丹说,"我是想痛快,怕你不接受。"

"啰唆!"小芮直来直去,"说吧。"

"那我问你有关颜色的问题。"嘻嘻哈李丹说,"黄色加玫瑰变成什么颜色?"

"大红!"小芮回答。

"蓝色加黄色呢?"嘻嘻哈李丹继续问。

"绿色!"

"玫瑰红加蓝色?"

"紫色!"

"再加黄色?"

"变成黑色!"

"那么,蓝色玻璃叠在黄色玻璃上变成什么颜色的玻璃?"

"哈哈,那还用说吗,当然是绿色!"小芮的话语中透露出肯定。

"不对!"嘻嘻哈李丹拿来黄色和蓝色两块玻璃叠放在一起,果然是另一种颜色。

哦,这是什么颜色吗?

 答 案

蓝玻璃透过蓝光不透黄色,黄玻璃透过黄光不透蓝光。所以,它们叠放在一起就变成不透光的黑色了。

银库被盗

阳光森林里有一个绿色王国,这里的法律严明,臣民们很爱戴他们的国王。

在绿色王国里,居民安居乐业,过着富足的生活。

这里有大量的金银财宝,国库里的金银可以说比比皆是。

国王也常常为有大量的金银而得意。

一天,一个警卫突然来报:"国王,在阳光地段的一个分库里发现储存的 400 两白银失盗。"

"什么?"国王压根不信,"白银怎么会失盗呢?各个库房都有专

人看守。对国库的保护是相当严格的,怎么会失盗呀?"国王怎么会信呢!

"国王,没有呀。"警卫如实禀报,"库门没有打开;库房的屋顶没有破坏;装白银的箱子还在。"

"哈哈!这就奇怪了。"国王感到不可思议。"让警察立即侦破此案。"

"是。"那个警卫回答。

几天过去,那位警卫匆匆前来报告:"国王,大事不好了。"

"什么事这样慌慌张张。"国王有点不高兴,有失体统。

"丢失的白银不但没有找到,反而又丢失了一批啤酒。"警卫怯生生地说。"丢失银子的库房邻库是啤酒库,啤酒也丢了不少。"

"啊!难道这反了不成。"国王愤怒,喝啤酒可是他的嗜好,"看库的警卫是怎么搞的?我心爱的啤酒呀!把看管银库的警卫给斩了。"

"国王息怒。待破了此案再斩也不迟,总应该把问题给搞个水落石出才对呀。"警卫向国王提建议,"我已派人加强看管,银库和酒库24 小时不断人,而且周围还有巡逻队在巡逻。"

"怎么会这样呀?"国王从来没有犯愁过。

"国王,我听说有一个'森林侦探事务所'对办案有百分之百的把握,我们是不是请他们来侦破呀?"警卫考虑到迅速破案。

"我们堂堂一个绿色帝国案子都破不了,这不让人耻笑吗?"国王考虑的是面子。

"国王,我看这没有什么。"警卫试探着说,"因他们破案的效率高,请他们也无可厚非,各有专长嘛。"

事到如今,国王还怕别的贵重东西再失盗,也只好说:"你们看着办吧,只是破案要迅速。"国王也只好这么做了,面子也不能当饭吃。

于是,那个警卫拨通了哈特探长的电话,很快就与他联系上了。

不多时,哈特探长和助手阿戒一起开车过来。他们在那位警卫

的带领下,很快来到了案发现场。

首先走进了银库。哈特探长认真查看了周围的库房,认为没有进入人的可能。那么是内线人干的?

据警察的汇报,可能性几乎是零。

"是谁干的呢?"助手阿戒也犯难了。

"只能从现场找蛛丝马迹。"哈特探长的座右铭,"查看装银块的箱子。"

哈特探长和助手认真查看起来。

"箱子的底部怎么有洞呢?"助手阿戒首先发现。

"是不是意外?"哈特探长提醒,"唉!我看的箱子怎么也都有洞呀?"

探长和助手认真地排查起来……

查看的结果出来,装银的箱子都有洞,在箱子的周围还有一些黑色的粉末。

"看来银子是从洞中跑掉的。"哈特探长分析,"银子没有腿跑到哪里去了呢?"探长把墙角下的木头箱子都搬开了。"哇!助手,这墙角下有一个地洞。"

"看来白银就是从这里盗走的。"助手判断,"到达隔壁里去了。"

说话之间,他们来到了邻壁的啤酒房。认真地查看起来。

盛啤酒的木头桶也都有不少洞,啤酒也随着漏洞流个干净,渗到地面。

"哦,怎么还有啤酒味呀?"助手感到不可思议。

"啤酒流到地面上,能没有味吗?这里通风设备又不好。"探长说着,在地上发现了几个死去的白蚁。

"真是的。"助手喃喃自语。

"哈哈!我明白了。"探长说,"一定是白蚁干的。"

"探长,怎么说呢?"助手惊异地大跌眼镜。"难倒白蚁长有铁嘴钢牙不成?"

"待找到大批的白蚁再说不迟。"

哈特探长和助手又一起来到啤酒库房,仔细查找,结果在同银库的邻墙上也找到了小洞。

"这就对了。"哈特探长说,"白蚁偷吃了白银,就穿过墙壁,来到了酒库,把这里的酒喝光、流光后,又跑了,找到白蚁也就找到了白银。"

"怎么会这样?"助手阿戒还有点不信,简直是在童话王国里。

结果,他们在另一间屋子里找到了一大堆白蚁,都死在那里了。

"探长,找到了白蚁,银子向谁要呀?"助手感到无奈,"这不是死无对证了吗?"

"喂! 把死亡的白蚁送到熔炼炉里炼一炼白银就出来了。"

于是,士兵们按照哈特探长的吩咐,把白蚁炼了,结果,损失 400 两银子,炼出了 396 两,只损失了 4 两。

"这是怎么回事呀?"士兵们眼看着这些银闪闪的银子,感到好困惑耶。

你知道其中的道理吗?

 答 案

白蚁身上有蚁酸,它吐出蚁酸把银变成蚁酸银,被白蚁吃掉了。蚁酸还能把砖头和铁器腐蚀出洞,所以白蚁能够穿过墙壁,咬破酒桶,碰到酒它们也要喝。但蚁酸银会使蛋白质凝固,这就注定了白蚁会自取灭亡。银被白蚁吃了,炼一炼白蚁就会炼出白银来了。